JN086855

ストレスフリーの人がやっている

ポジティブ・フレーズ言いかえ事典

（関西テレビ元アナウンサー、現CM部長・メンタルコーチ）
片山三喜子

大和出版

はじめに　いつもの言葉に注目するだけで好循環はスタートする

この本を手に取っていただいたご縁に、心から感謝いたします。

私は、テレビ局のアナウンサーとして入社して約18年、その後の番組宣伝にかかわる仕事も合わせると、30年以上〝言葉〟と向き合って仕事をしてきました。

現在はCM部の管理職であり、今も〝言葉〟に関わる仕事に携わっています。


さて、テレビ局の放送に関わるすべての部署は、一瞬一瞬が緊張の連続です。

たとえば、テレビのニュースで、アナウンサーがニュースを読んでいる途中で、途切れてしまうのを目にしたことはありませんか？（これ、じつは当時の私の話）。

「あれ？　ニュースが途中で終わってしまった」

と視聴者の方はそれぐらいにしか思わないかもしれませんが、そのときのアナウンサーの心は、それこそストレスフルの状態。ストレスマックスです。

報道フロアに戻る足取りは重く、担当の記者に申し訳なく、自信を失い落ち込みます。

それを引きずってまた悪循環……という時期もありました。

自信がなく劣等感にさいなまれ、周りに気を遣い過ぎて疲れてしまう毎日……。

そんな私が今はずいぶんラクに生きやすくなっています。

「もっと早く、この状態になりたかった」

このような思いから、昔の私のように、ついものごとをネガティブに考えてしまう方に、少しでも役に立ててほしいという気持ちでお伝えするのが、この本です。


私は現在、テレビ局員の傍ら、メンタルコーチとしても活動をしています。

そのなかで痛感しているのが、次のようなストレスを抱えている方がじつに多いということです。

・自分に自信がなくていつも不安
・上司にまた何か言われるのではと思うとドキドキする
・周りと比べて自分が劣っているのではと焦る
・失敗するのではないかと思うと怖くて臆病になってしまう
・本当の自分が出せていないと思う
・周りの人と会話をするのに気を遣って疲れる
この本を手にしたあなたも、今、こんなお悩みをお持ちかもしれませんね。

では、どうしたらこういった状態から脱することができるのか——。

そのキーワードとなるのが、タイトルにもある〝ストレスフリー〟です。

〝ストレスフリー〟という言葉から、あなたはどんな印象をお持ちでしょうか？

まったくストレスがない状態と思われた方も多いでしょう。

しかし、人が生きていくうえでストレスはつきものです。

そのうえで、**この本での〝ストレスフリー〟とは、どんなストレスが降りかかってきても、穏やかで安定した心の状態を保てること。**

折れそうで折れない、柔軟でしなやかな回復力のある心の状態とも言えます。

それをかなえるのが〝言葉〟です。これは私の体験からも自信をもって言えることなのですが、言葉を変えることで、感情や思考、体調も変わってきます。

いつもの言葉をポジティブ・フレーズに変える。たったそれだけで、自然に穏やかで安定した心の状態の〝ストレスフリー〟になれるのです。

では、そのためにはどうすればいいのでしょう？

ポイントとなるのは２つ。

「相手への言葉がけ」、そして「自分への言葉がけ」です。

まずは「相手への言葉がけ」ですが、大切なのは、相手を肯定的に受け止め、相手の感情に寄り添うことです。こちらは、アナウンサー時代に、子どもの虐待やDVの取材をきっかけに、心理カウンセリングやコミュニケーションの学びを通して培った方法をご紹介します。

どうしたらポジティブ・フレーズがスムーズに言えるようになるのか、本文では、その考え方から実践法まで具体的なヒントを解き明かしていきます。

2つめのポイントは、「自分への言葉がけ」です。

当時の私は相手とのコミュニケーションはスムーズにできるようになったものの、自分自身との関わり方（セルフコミュニケーション）までは、まだまだ思いが至っていませんでした。そんな折、自分への言葉がけがどんなに大切かを実感した、大きな出来事に直面しました。40代のある冬のこと、突然両足の膝から下を激痛が襲い、神経がマヒして、自分で足を動かすことがまったくできなくなってしまったのです。

難病と診断され、いつ歩けるようになるかもわからない状態。

しかし奇跡のようなことが起こり、発症から11か月後、短い距離ではありますが、沖縄の海の砂浜を自分の足で歩くことができました。

リハビリの期間、私を支えてくれたのは、自分への言葉がけだったと思っています。「言葉には大きな力がある」。そのとき心からそう感じました。

その後、脳科学と心理学に基づいたメンタルトレーニングであるSBT（スーパーブレインストレーニング）に出会い、脳と言葉には深い関係があることを深く知り、SBTのコーチ資格を取得しました（この本で紹介する、脳と言葉の関係については、SBTを創設した株式会社サンリのご理解を得て、そのエッセンスを少しお伝えします）。

さて、私たちの脳は、言葉と共に、その言葉に関連した出来事を、感情を伴って記憶しています。たとえば、**「できない」という言葉は、過去のできなかった出来事と一緒に、そのときのできなくて悲しかったマイナスの感情も記憶しています。**

そんなとき、「できる」までは言えなくても「チャレンジする」というだけで、プラスの感情が出てきます。ポジティブ・フレーズによって、自分が良い状態になると、自然と周りとのコミュニケーションもうまくいくようになっていき、どんどん好循環が広がっていくのです。

本書では私自身の体験と、これまで学んできた考えをベースにしながら、すぐに使えるポジティブ・フレーズを紹介していきます。

「良かったです」「お願いしたいです」「すみません」「〜したいと思います」のような、普段無意識に使っている、無難なフレーズやネガティブなフレーズが、ポジティブ・フレーズに変わることで、どんな変化を起こすのかも明らかにしていきます。

読み進めることで、仕事上での上司や部下などの人間関係からプライベートまで、解決策が見つからなかった悩みやモヤモヤが一気にスッキリしていくことでしょう。

なお、最後に本文を読むうえでのポイントをご紹介しておきますね。

まず目次にあるフレーズを読んだ後、自分ならどのようにポジティブ・フレーズに変換できるかを想像しながら、答え合わせをする感覚で読み進めてください。

はじめはうまく変換できないかもしれませんが、脳や感情などの仕組みを知ることで、次第にスムーズに変換ができるようになるでしょう。

この本を通して、あなたにとって、穏やかで安定した心の状態・ストレスフリーの毎日が訪れることを、心から願っています。

片山三喜子

ポジティブ・フレーズ言いかえ事典　もくじ

はじめに　いつもの言葉に注目するだけで好循環はスタートする

まず押さえておきたい！

第1章 簡単なことでもポジティブに変換する練習

01 困ったことが起きた！
×ネガティブ・フレーズ　どうしよう……20

02 初めての仕事を頼まれた
×ネガティブ・フレーズ　ムリです……27

03 予定していたことや仕事が終わった
×ネガティブ・フレーズ　疲れた……35

04 日常の場面で何かをしてもらったときのお礼のひと言
×ネガティブ・フレーズ　すみません……38

05 自分が行動するとき相手に対してのひと言
×ネガティブ・フレーズ　〜したいと思います ……… 43
06 自分が行動するとき自分に対しての言葉がけ
×ネガティブ・フレーズ　〜しなければならない ……… 48
コラム 自分への言葉がけの重要さを知った瞬間 ……… 52

第2章
1クッション入れるだけでラクラク変換！ プラス言葉3段活用の言いかえ方

07 仕事やプライベートで難易度の高いことを依頼されたとき
×気持ちそのままフレーズ　できない〜 ……… 56
08 困難な状況に陥ってしまった
×気持ちそのままフレーズ　ピンチ ……… 59
09 あり得ない事態が降りかかった
×気持ちそのままフレーズ　最悪〜 ……… 63
10 チャレンジしたがうまくいかなかった
×気持ちそのままフレーズ　やっぱりダメだ、できない ……… 69

コラム「きっと意味がある！」……74

第3章

周囲が自然とプラスの空気になる言いかえ方

初対面からお礼まで

11 職場やプライベートで毎日会う相手に対しての挨拶
×無難なフレーズ　おはようございます……78

12 参加したセミナー会場で初めて会った人との最初の会話
×無難なフレーズ　こんにちは……85

13 初めての商談相手や名刺交換をした後
×ネガティブ・フレーズ　「……」（どぎまぎして言葉が出ない）……89

14 職場や日常の場面で相手にお礼を伝える
×無難なフレーズ　ありがとう……94

15 あらかじめ会うことがわかっていた初対面の相手に対して
×無難なフレーズ　はじめまして……98

16 相手が緊張するかもしれない場面で
×ありがちフレーズ　緊張しないでね……102

17 時間を割いて会に参加してもらった方への歓迎の言葉
×無難なフレーズ　今日はスミマセン……109
18 職場やプライベートで相手から何かをいただいた
×無難なフレーズ　ありがとうございます……113
19 職場やプライベートで人を褒めるとき
×ありがちフレーズ　○○さん綺麗ですね……117
20 仕事を依頼した相手にお礼を伝える
×無難なフレーズ　良かったです……121
21 職場やプライベートで褒められたときの返事
×つい口グセフレーズ　そんなことありません……124
22 職場やプライベートで相手が何かをやり遂げたとき
×無難なフレーズ　お疲れさまでした……131

第4章

難しい案件もこれでOK！
「お願いごと」を心よくやってもらえる言いかえ方

23 職場やプライベートで相手に何かを依頼するとき
×無難なフレーズ　ぜひ、お願いしたいです……138

24 職場やプライベートで難しいお願いをするとき
×無難なフレーズ　やっていただけますか？……142
25 お願いごとを断られた場合
×無難なフレーズ　そうなんですね……残念です……146
26 職場やプライベートで大事な用事を代わりにお願いするとき
×心のままフレーズ　ごめん！　代理で行ってもらえないかなあ……150
27 職場やプライベートで大事なことをお願いするとき
×あいまいなフレーズ　お返事は早めにお願いします……153
28 職場やプライベートでお願いを引き受けてもらったとき
×無難なフレーズ　引き受けていただきありがとうございます……157
29 無理なお願いを引き受けてくれた相手に
×ありがちフレーズ　やっていただき、ありがとうございました……160
30 お願いした後の感謝のひと言
×無難なフレーズ　会議、お疲れさまでした……164

第5章

NOを言っても次につながる！
後でしこりが残らない言いかえ方

31 職場で的を射ない意見や否定的な意見をされた場合
×ネガティブ・フレーズ　それはちょっと違うと思います……170

32 職場やプライベートの場面で依頼を断るときやNOを言うとき
×ネガティブ・フレーズ　できません……174

33 職場やプライベートで目上の方からの依頼を断るとき
×無難なフレーズ　引き受けるのは難しいです……178

34 職場で上司からの誘いを断る場面
×ネガティブ・フレーズ　行けません……181

第6章

相手が納得して動いてくれる！
不愉快な状況でも穏やかに伝えられる言いかえ方

35 仕事やプライベートで行動を変えてほしいとき
×ネガティブ・フレーズ　うるさくしないでください……188

第7章

いつでもストレスフリーでいられる言いかえ方

36 依頼したことをやっていないと思われる人に対して①
×心のままフレーズ　なんでしないのですか？……193

37 依頼したことをやっていないと思われる人に対して②
×心のままフレーズ　頼んだ仕事できてないのですか？……196

38 職場やプライベートでなんらかの失敗をした人に対して
×心のままフレーズ　どうして失敗したのですか？……200

何が起きても瞬時にポジティブになる！

39 仕事やプライベートで相手への共感を伝えたい
×無難なフレーズ　そうなんですか……206

40 別れ際に
×無難なフレーズ　さようなら……210

41 相手の行ったことに対して感動したとき
×無難なフレーズ　良かったです……214

42 最悪な状況の場面で
×心のままフレーズ　最悪！　失敗した！　死にたいほど恥ずかしい……218

コラム　何があっても笑いに変える関西人……223
43 うまくいかないことがあったときに
×心のままフレーズ　なんで私だけ不幸なんだろう……224
44 漠然とした大きな不安で決断できないとき
×心のままフレーズ　お金がない　才能がない……227
45 自分の年齢を理由にあきらめようとしたとき
×心のままフレーズ　もう若くないのでムリです……231
46 人生で大きな問題が降りかかったとき
×心のままフレーズ　困ったな……238
47 自分自身を振り返ったとき、自分にかける言葉
×心のままフレーズ　ふ〜、どうだったかな？……242
おわりに　小さな変化がのちに大きな変化となる

帯撮影　中田紫之扶
本文イラスト　山崎 真理子
本文イラスト47P　松本うち
本文レイアウト　ライラック
DTP　美創

第1章

まず押さえておきたい！

簡単なことでも
ポジティブに変換する練習

1日の中で、一番多く会話をしている相手は誰だと思いますか？

それは自分自身です。

たとえば、朝起きたとき、まずどんな言葉が浮かぶでしょうか？

「さあ、朝だ～、起きよう！」でしょうか。

それとも、

「あ～しんどい、もう少し寝よう～」でしょうか。

「今日はどの服にしよう」

「今日の朝ごはんはバナナだけにしようか」

「あ～今日の企画会議、うまくいくかな～、心配だなあ」

朝起きてから寝るまで、人は1日に約6万回も自分自身と会話をしていると言われています。そして、その8割がネガティブなものだという、アメリカの調査結果もあります。

この数字を見ると、自分にかける言葉がいかに重要かが、わかっていただけるでしょう。

自分自身にネガティブな言葉をかけるのか、ポジティブな言葉をかけるのかによって、自分の感情は変わってきます。

そして、その感情によって、思考や体調まで大きな違いが出てきます。

つまり毎日の小さな積み重ねが大切なのです。

ポジティブ思考やプラス思考が良いことは浸透していますが、その鍵は自分への言葉がけです。ポイントは、これまでの言葉を少し変えるだけ。

言葉を変えることで、プラスの感情になるのが大切です。

すると思考も体調も自然とプラスに変わってきます。

さらに、自分との良い関係のベースができることで、相手とのコミュニケーションもうまくいくようになります。

さあ、まずは毎日の自分への言葉がけを意識しながら、簡単なことからポジティブに変換する練習を始めましょう。

01

困ったことが起きた！

○	×
ポジティブ・フレーズ	ネガティブ・フレーズ

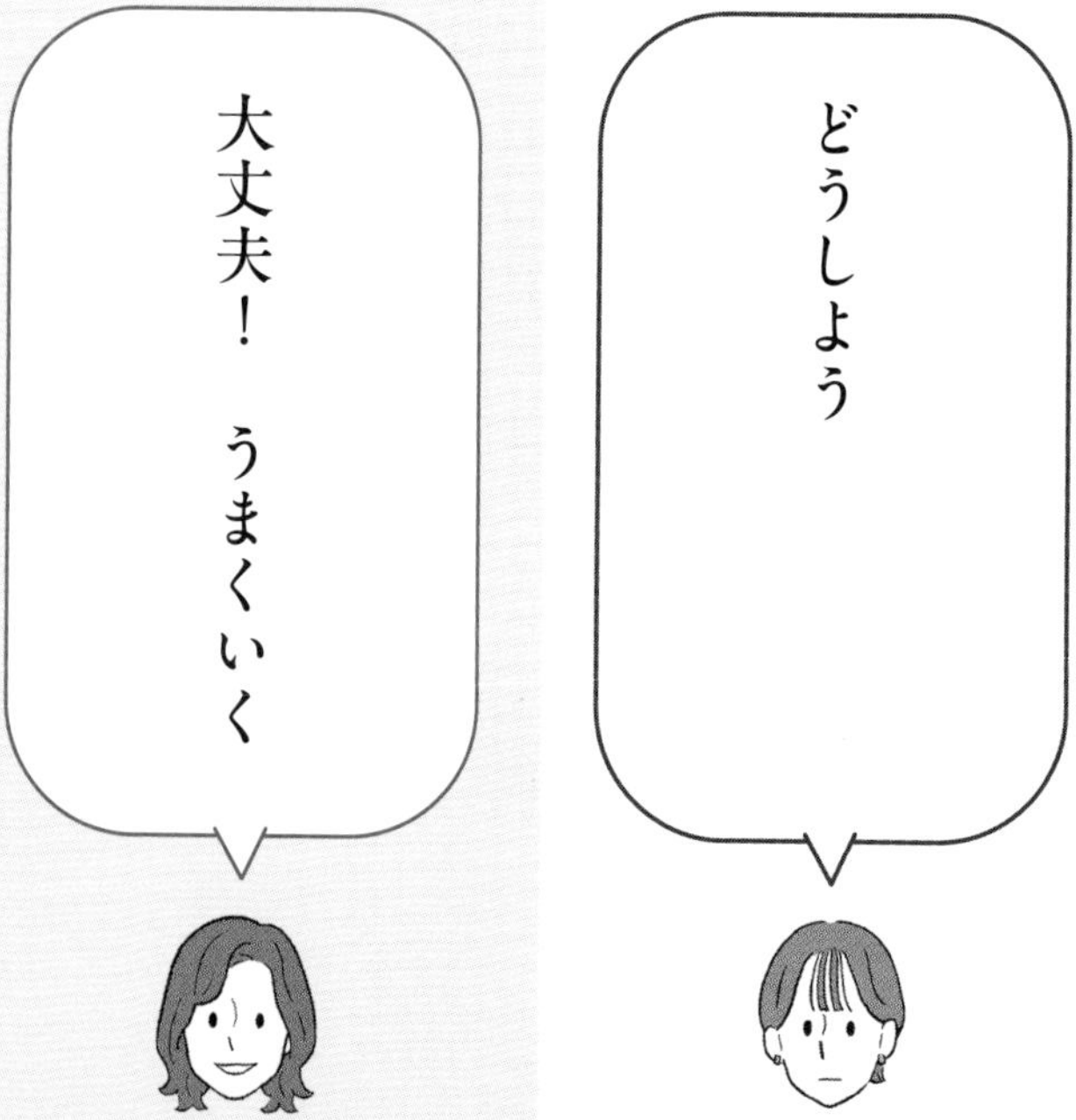

日常のちょっとした困った場面に遭遇したとき、どんな言葉を無意識に自分にかけていますか？「どうしよう」と言うと、過去に「どうしよう」と言葉にしたときの記憶とともに、マイナスの感情がよみがえってしまいます。「大丈夫！」と自分自身を落ち着かせてプラスの感情にしましょう。

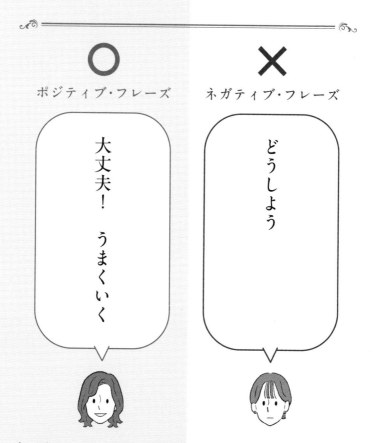

家を出るのが遅くなり、予定の電車に遅れそう……。

「わあ、どうしよう。時間がない。間に合うかな？　遅刻だ～」

頼まれていた仕事を忘れていた……。

「え～、どうしよう。忘れてた～」

大事なメモが見つからない……。

「ない、ない、どうしよう～。困ったな～」

日常生活において、自分の思うようにいかずに困ったことが起こったとき、どんな言葉が出てくるでしょうか？

必要なものが見つからないとき、約束の時間に遅れそうなとき、急いで家を出なければいけないのに鍵が見つからないとき、仕事でミスしたとき。些細なことから、大きなことまで、自分の思い通りにならないことはよくあります。

じつは、無意識に出てくる言葉が、自分自身に大きな影響を与えています。

こんなときは、まず自分自身にかけている言葉を意識してみてください。

たとえば、約束の時間に遅れそうなとき、思わず「どうしよう」という言葉が出るか、「大丈夫！　間に合う」という言葉が出るかで、感情が変わってきます。

「どうしよう」と言葉にすると、過去のうまくいかなったことが思い出され、マイナス感情が出て不安が強くなります。

結果、さらに焦ってしまい落ち着いて準備ができずに、遅れてしまうことになりがちです。

一方で「大丈夫！　間に合う」という言葉が出ることで、「大丈夫！　うまくいく」という気持ちになり、落ち着いて準備に集中することができ、その結果として時間に間に合わせることができます。

このように、無意識に自分にかけている言葉で、感情が変わり、行動も影響を受けて結果も違ってきます。日常、よくある困った場面で自分にどんな言葉をかけているか、ぜひチェックしてみましょう。

噛まないようにと思うほど噛んでしまう状況

アナウンサーをしていた頃、ニュースを伝えるときに、うまくいかなくて失敗ばかりするスランプの時期がありました。

ショートニュース（ニュース2~3本くらいのミニ枠のニュース番組）は時間が短いだけに、秒単位でニュース原稿を確認して、時間を合わせて読まなければなりません。そのうえ、ニュースは「追い込み」といって、原稿が時間ギリギリにできることもあり、十分な確認や準備の時間がとれないことも多いのです。

もちろん、生放送ですので、やり直しもできません。緊張感の高い仕事です。

ニュースは1本1分くらいのことが多いので、1回詰まったり、ミスして読み直したりするとそれだけで時間が押してしまいます。

時間の長いニュース番組の場合は、そこまで秒単位で時間に厳密ではないのですが、この短いニュースの場合は、時間が1秒でもオーバーすると、容赦なくニュースの途中でもブツリと切れてCMになってしまいます。

ある時期、このショートニュースがうまく読めなくて、とても悩んでいました。噛まないようにと思えば思うほど、失敗していたからです。

1つ詰まって、「あ、やってしまった!」と思っていると、また詰まってしまう状態。ショートニュースの担当がついていると気持ちが重くなるほどでした。

うまくニュースが読めなかったとき、スタジオから報道フロアに戻るのが怖く、担当の記者には申し訳なくて、さらに気持ちがしぼんで自信を失くす悪循環でした。

今ならわかりますが、当時は失敗した経験が深く記憶され、「ショートニュース」と思うとマイナスの感情が出ていたと思います。

「失敗したらどうしよう!」「詰まったらどうしよう」という思いが出てくるときは、マイナス思考、マイナス感情、そして、マイナスの体調となり、より緊張状態になるので、うまくいくわけがありません。おそらくその瞬間は、呼吸も浅く、心臓もドキドキしていたことでしょう。

脳は否定形の言葉を理解しにくいという特徴があります。

ですから、「噛まないように」と思うとき、「噛まない」の否定形部分ではなく、「噛む」状態を思い浮かべ、「噛んでいるとき」の記憶を引っ張り出します。

それがマイナスの記憶を伴うものであれば、一瞬にして、感情も、思考も体調もマイナスになってしまうのです。

私自身、ニュースの準備をしているときも、表情も余裕なく、オドオドとしていたことと思います。

今なら、「スムーズに読める」「正確に伝えることができる」という言葉がけをして、「うまくいく」「大丈夫」と、堂々とニュースを伝えるイメージをします。

ちなみに当時は、完璧にやろうとするとハードルも上がり、さらに緊張するので、

「1回は噛んでも良い」と勝手に自分でルールを決めて、ハードルを下げる工夫をしながら徐々に克服していきましたが、最後までショートニュースは苦手なままでした。

困ったことが起きたときは、「大丈夫！　うまくいく」と意識的にプラス言葉に変えてみましょう。

私たちの脳は、思考より言葉を信じるという特徴があります。ですから、言葉をプラスに変えるとよいのです。

そうするだけで良い循環が生まれてきます。

POINT

無意識に使っているマイナス言葉はプラス言葉に変えましょう

02

初めての仕事を頼まれた

○

ポジティブ・フレーズ

チャレンジしてみます

×

ネガティブ・フレーズ

ムリです

初めての仕事を引き受けるのは勇気がいります。特に日頃からネガティブ思考になっていると、できないときのことを考えてしまい、否定系の言葉が出てしまいます。こんなとき「できます」と言えなくても、「チャレンジします」と前向きな言葉を使ってみましょう。

「○○さんに、社運をかけたプロジェクトのリーダーをお願いしたいです」

「明日の会議で、全社員の前で企画の内容を説明してもらえますか？」

「来月の売り上げを、今月の2倍にしてください」


そう言われたら、どんな言葉が出るでしょうか？

「え～～、ムリです。だって、私やったことがないですから」

「でも、皆理解してくれないですよ」

「どうせできないですよ。無駄です」

「だって、時間もお金もないのにできないですよ」


「でも」「だって」「どうせ」

これらはマイナス言葉の3Dと呼ばれています。

聞いたことがある人も多いかもしれません。

さて、この3Dの後には、どんな言葉が続くでしょう？

じつは、否定的な内容となるのがほとんど。

無意識に使っている、３Ｄは要注意です。

昔の私も無意識に３Ｄが口グセになっていました。

あるとき、当時の上司から「片山さんは、いつも否定から入るよね。もったいないよ」と言われました。

ハッとしましたが、その上司は難しい案件を数々成功させてきた超できる方。

私にとってはハードルの高い、初めての仕事を提示されたときに、思わず「でも～」が出たのだと思います。

無意識で使う言葉は怖いですよね。

それから無意識に使っている言葉に注意するようになりました。

上司に言われたときにはちょっとショックでしたが、それがきっかけとなり、ネガティブな自分をどう変えていったら良いのか、言葉の使い方やメンタルトレーニングの学びにつながりました。

今振り返ると、指摘してくれた上司に感謝です。

では、３Ｄが思わず出そうになったら、どうしたら良いのでしょうか？

３Ｄが出ると「できない理由」につながるので、上司からも、「やる気がないのか。せっかく良いチャンスなのに残念」と思われてしまうかもしれません。

一方で、最近ではパワハラと受け取られることもあるので、上司側も無理に「業務だからやりなさい」とはなかなか言えません……。

また部下である自分も「とにかくやってください」と言われても、いやいややらされている気持ちになり、双方微妙な空気になりかねません。

そんなとき、３Ｄの言葉をぐっと我慢すると、「やれるだけやってみます」「できることを考えてみます」とつながりやすくなるのではないでしょうか？

「やれます」「できます」とまでは言えなくても、「チャレンジしてみます」と前向きな姿勢を示すと、プラスの感情が出てきます。

すると上司も、「初めてのことで大変と思うけど、頑張ってやってください。必要なことがあればサポートするので」と引き受けてくれたことを、肯定的に受け止め応援する気持ちが自然と湧いてきます。

また、周りにもサポートを呼びかけたり、一緒にやるメンバーをつくってくれたりするかもしれません。

少しでも「やれること」を探す

はじめは意識をして変える必要がありますが、続けていると徐々に身についてきます。

とはいえ、自分の発言に責任を持たなければと責任感の強い人や中途半端なことはできないと考える完璧主義の人など、現実的にできる根拠がないと安請け合いはできないという人もいるでしょう。

そんな場合でも、**「やれることを考えてみます」**というように、何か前向きの言葉を探すこともできます。

先日仕事で、これはなかなかハードルの高い内容だなあということを頼まれました。

そのときに、「とにかく、チャレンジしてみます」と意識せずに言葉が出たので、自分でも嬉しかったです。人はいくつになっても変わることができますね。

できることから「チャレンジしてみましょう！」。

「チャレンジしてみます」という言葉からは、「どんなチャレンジをするとできるようになるだろう」というように、思考が広がっていきます。

そして拳を突き上げて、「よっしゃー」と言うと、それだけでやる気が出てくるような感じがします。

これも、一人ひとり違うので、自分にフィットするプラスの言葉や動作を探してみてくださいね。

最近、おもしろい例外を聞きました。

「どうせ」のポジティブ活用です。

「どうせ」に続くのは、「どうせ無理」や、「どうせ、意味ないでしょ」などに続くのが一般的ですが、

「どうせ、私は成功するから！」

これは画期的です。

この使い方ならばＯＫ！　どうせ成功するから、思う存分やってみましょう！

プラスαメモ「どうせ」のポジティブな使い方

あなたの周りには、ポジティブな言葉がけが上手な方がいませんか？

メンタルトレーニングの恩師はもちろんですが、私が日常で接する方の中にもたくさんいます。

その一人が鍼灸治療の先生です。

右肘骨折からの退院後、初めて治療に行ったときのことです。

約20センチ程の手術の傷を見て、「よう耐えたな。心配せんでもええで。どうせ

治るから」。

温かい言葉に心がほぐれ、思わず涙が。

骨折しても泣いたことはなかったのに、です。

「どうせ」の後は、通常は否定形のネガティブな言葉が続きますが、変形の「どうせ」は心に沁みました。

どんな状況でも、相手の心をふんわりと温かくする言葉がけができる人は、素敵ですね。

POINT

3D言葉をぐっと我慢するだけで
新しい展開が見えてきます

03

予定していたことや仕事が終わった

○ ポジティブ・フレーズ　　✕ ネガティブ・フレーズ

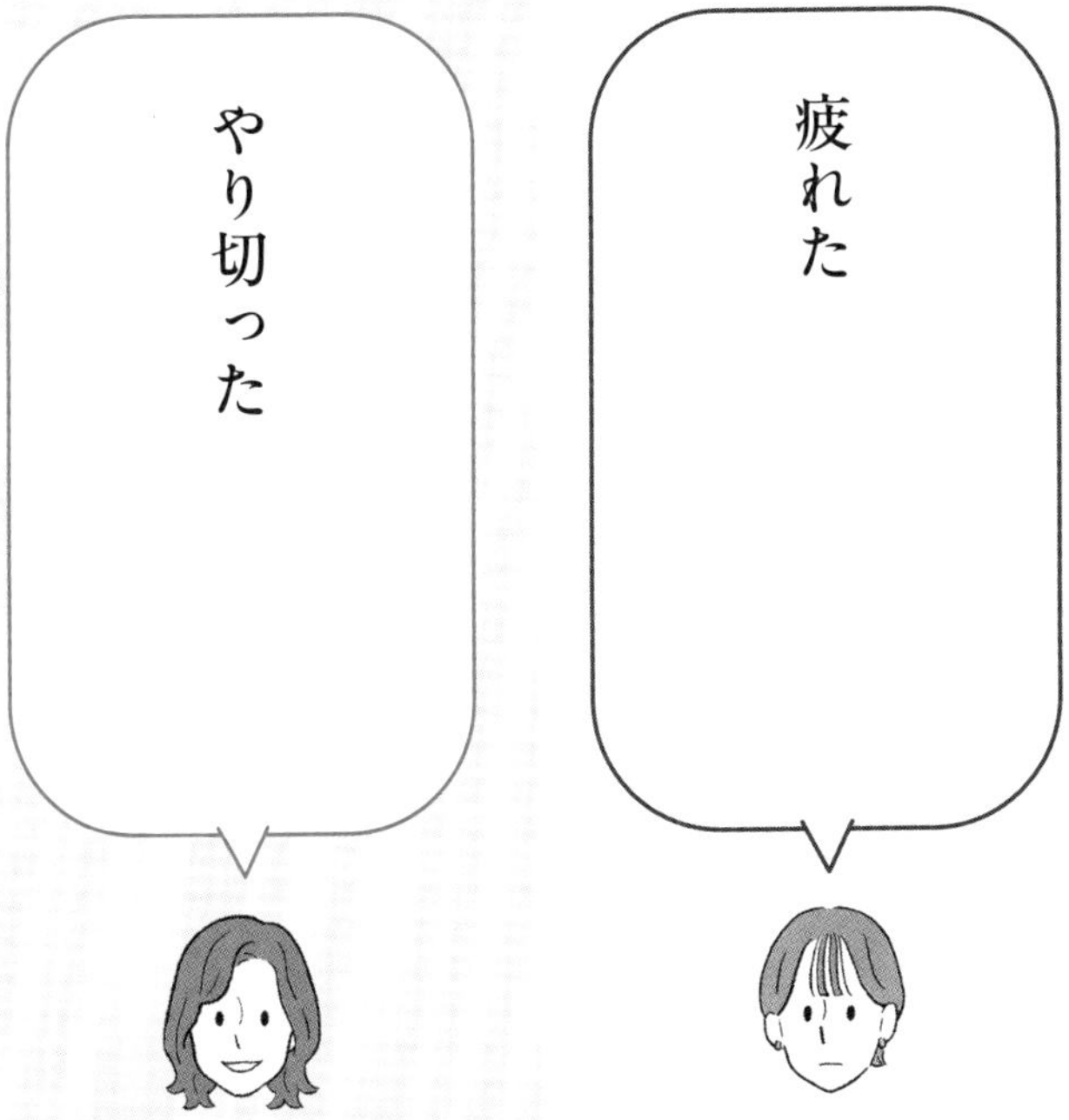

予定が無事終わったときや、仕事の後一人になったとき、思わず「疲れた〜」と言っていませんか？「疲れた」の言葉はマイナス感情を引き出し、脳幹にも影響します（47P参照）。そのため体調もより疲れた状態になってしまいます。「やり切った〜」というような、プラス言葉を使いましょう。

1日の予定や仕事が終わり、家に帰ってホッとしたときに、どんな言葉が出るでしょうか。

「あ～疲れた～」と、どしんとソファに座ってしまう人もいるかもしれません。じつはこの「疲れた」もマイナス言葉なのです。

試しに「疲れた。疲れた」と10回言ってみてください。なんだか体中が重くなって、疲れがどんどん出てくるように感じませんか。

職場や家庭で「疲れた～。疲れた」と言っていると、その言葉を聞いている周りもどんよりとした空気になってきます。

周りにも疲れを撒き散らしている状態です。「疲れた～」が無意識に出てきてしまう方は気をつけましょう。

では、どうしたら良いのでしょうか？

そんなとき、「疲れた」というマイナスの記憶に結びついている言葉から、プラスの言葉に言いかえるようにします。

最初は、自分でしっくりくる言葉を探してみましょう。

たとえば、「やった〜」「やり切った〜」などのプラスの言葉はどうでしょうか。

プラスの言葉とともに、前項の「よっしゃー」のように、胸を張って両手を上に突き上げて、顔も上を向いて言うと、より達成感が増しスッキリします。

口角を上げて言うと、疲れていても疲れが吹き飛びます。

日本では仕事が終わったときに、「お疲れさま」と言うことが多いですよね。

自分への言葉がけは意識して変えることができますが、周囲への挨拶は一気に変えるのは難しいかもしれません。

そんな場合は、笑顔で「お疲れさまでした」と伝えましょう。笑顔がプラスの感情を添えてくれます。

POINT

自分にしっくりくるプラス言葉を探してみましょう！

04

日常の場面で何かをしてもらったときのお礼のひと言

〇 ポジティブ・フレーズ　　× ネガティブ・フレーズ

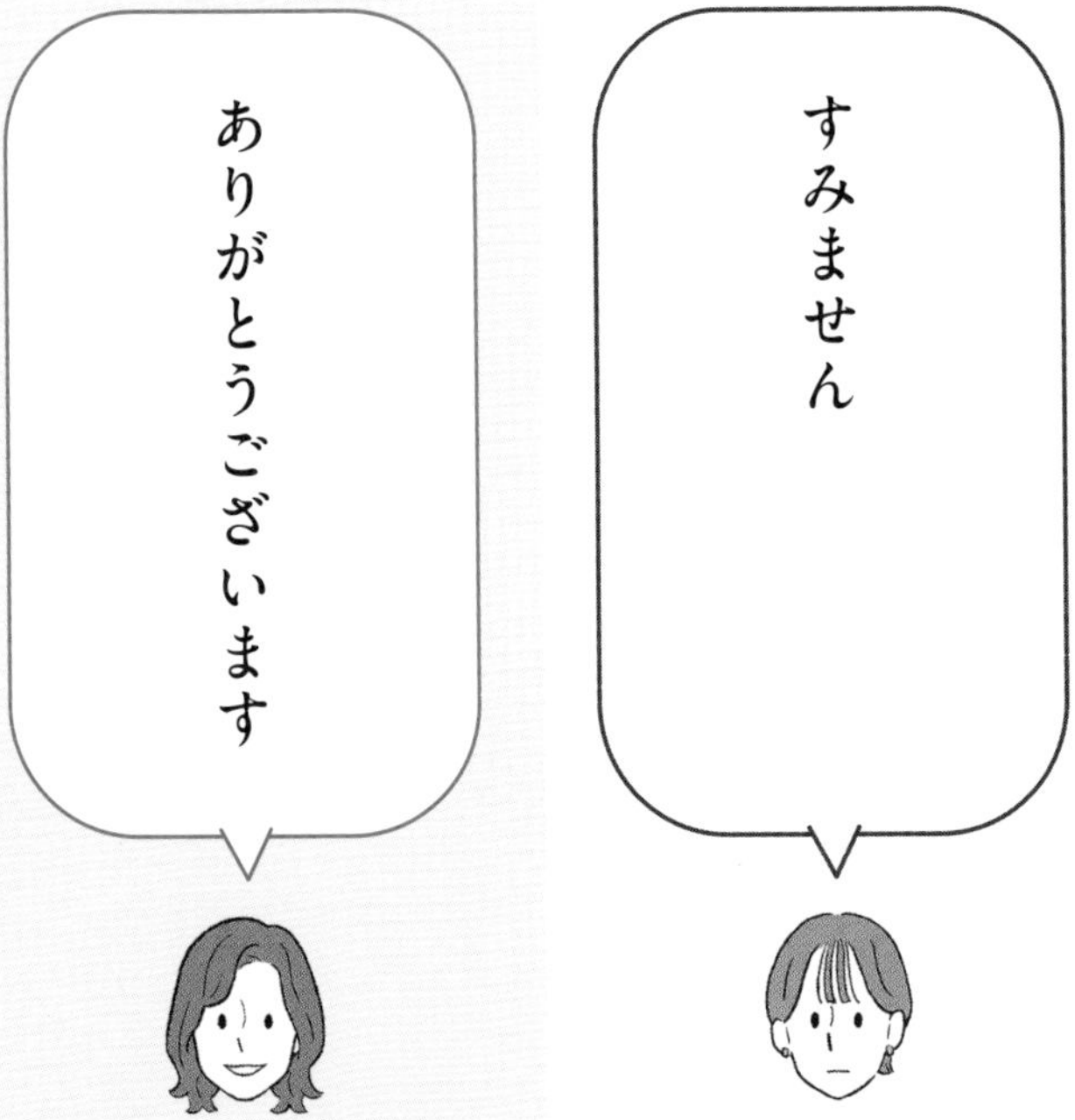

日常のあらゆる場面で、相手に何かをしてもらったとき、「すみません」と言っていませんか？「すみません」は謝るときにも使う言葉です。できるだけ「ありがとうございます」と笑顔とともにプラスの言葉に言いかえましょう。

職場で席を外したときに、電話を受けてくれた同僚との会話。

同僚「○○さんから電話があったので、デスクにメモ、置いておきました」

自分「あ、すみません」

お店や訪問先でお茶を出してもらったとき。

お店の人「どうぞ、（お茶を前に置かれる）」

自分「すみません」

エレベーターで先に乗っていた人に対して。

声をかけてくれた人「何階ですか？」

自分「3階です。すみません」

あなたも、ついこんなふうに言っていませんか？

しかし、多くの場面で、これらは「ありがとうございます」と言いかえができます。

脳の仕組みからも、コミュニケーションの観点からも、「ありがとう」の効果は絶大です。

「すみません」は、プラス言葉の「ありがとう」に言いかえましょう。

「ありがとう」の効果はたくさんあります。

まず脳の仕組みからは、「ありがとう」は複数の「幸せホルモン」が分泌されることがわかっています。

すでにご存じの方もいらっしゃるでしょうが、不安やストレスを和らげ精神を安定させるセロトニン、集中力を高め・やる気を引き出すドーパミン、愛情を司り安らぎをもたらすオキシトシン。そして、深く感謝をするときは、気分を高揚させ、鎮痛作用もあり脳内麻薬とも言われるエンドルフィンが分泌されると言われています。

「幸せホルモン」と言われる、４つのホルモンが分泌されるなんてすごいですよね。

この効果を聞くだけでも、「ありがとう」と言うことで、プラス感情、プラス思考、プラスの体調になるのがわかります。

そして、「ありがとう」は最高の肯定の言葉でもあります。

日常的に肯定のメッセージを相手に贈ることが、信頼関係を築く大事なベースとなります。

「ありがとう」と伝えることで良好な関係が育まれるのです。

このように「ありがとう」は、言ったほうも、言われたほうも、幸せホルモンが出て、お互いの存在を認め合えるプラスのメッセージとなるのですから、良いことばかりです。

また、「ありがとう」と言える場面で、「ごめんなさい」と言っている場合も「すみません」と同様です。

私も昔、お礼をいう代わりに無意識に「ごめんなさい」とよく言っていて、「なんで謝るの？」と聞かれてドキッとした経験があります。

自分ではまったく謝っているつもりもなかったので、びっくりしました。

これも口グセですね。そこでこのようなとき、自分が無意識にどんな言葉を使っているか確認してみましょう。

つい口グセで、「すみません」や「ごめんなさい」と言ってしまったら、その後に「ありがとうございます」と、最後に付け足すようにしてみてはどうでしょう。

脳は最後の言葉（言葉だけでなく表情や印象も）を、強く記憶するという特徴があるので、「ありがとう」の効果も有効となります。ぜひ、やってみてください。

プラスαメモ　セロトニンとストレスの関係

セロトニンは、私たちの心を安定させる大事な役割を果たしています。セロトニンが、脳の中にたっぷりあると、多少のストレスも跳ね退けることができるのです。このことからも、普段から「ありがとう」をたくさん使うと良いのがわかります。

POINT

「ありがとう」は最高のプラス言葉！
思い切り使いましょう

05

自分が行動するとき相手に対してのひと言

○	×
ポジティブ・フレーズ	ネガティブ・フレーズ

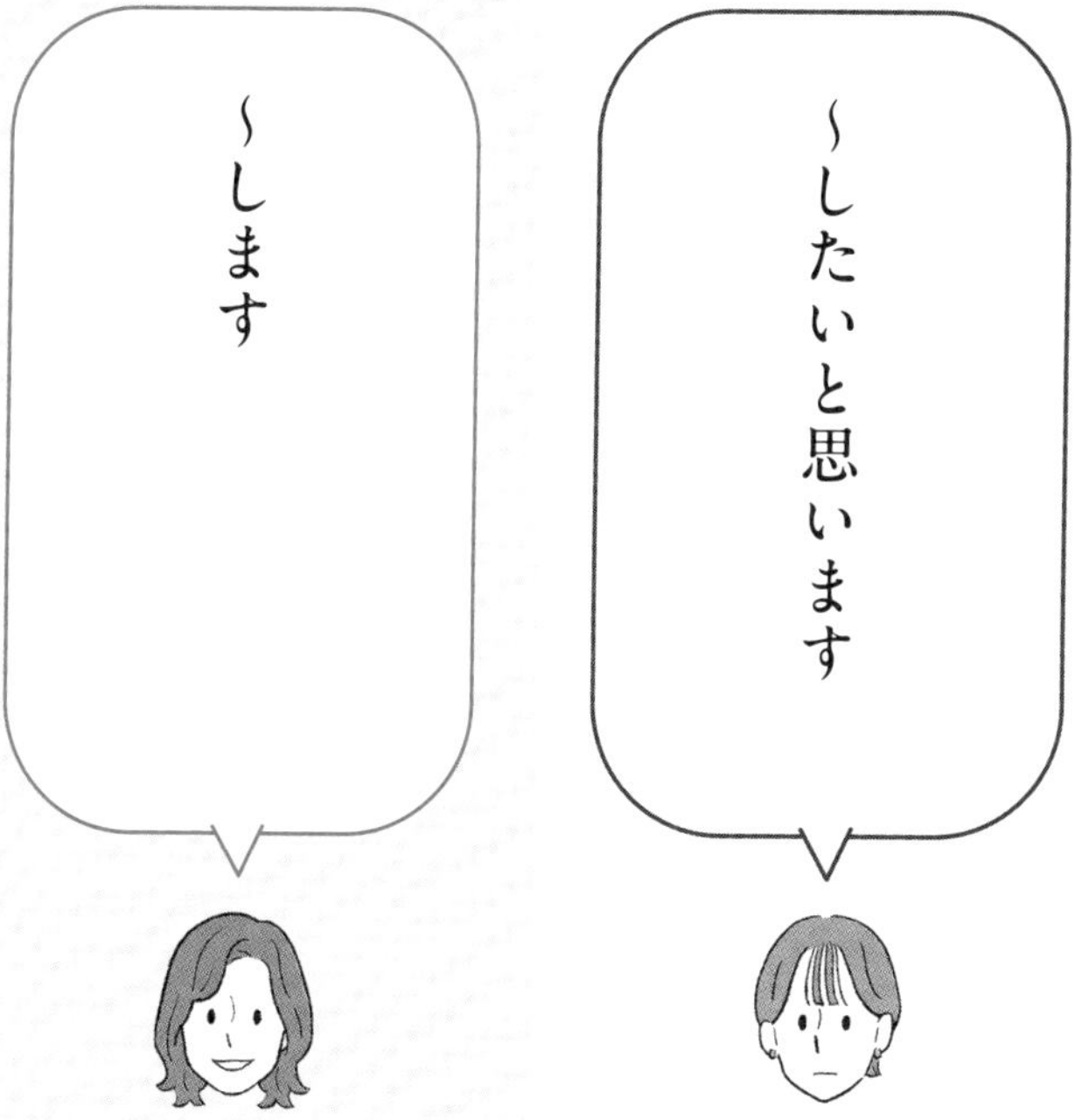

行動を起こすとき、「〜したいと思います」というと、できなかった場合の言い訳も含まれてしまいます。脳は「します」と断言された言葉を実現させようとする特徴があります。実現させるためにも、はっきりと言い切りましょう。

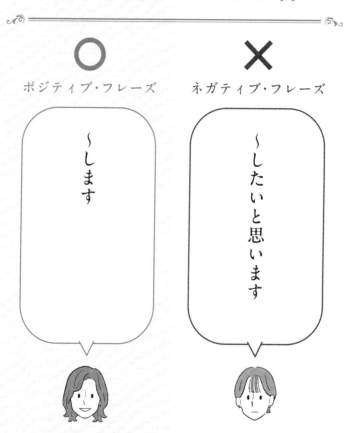

今後の目標を話すとき。

上司「来月の目標を教えてください」

部下「はい。来月は売り上げを今月の2倍にしたいと思います」

約束の時間や期日に遅れた。

上司「約束の期日は守ってもらわないと困るよ」

部下「すみません。今度からは遅れないように努力したいと思います」

話をするときに、「〜したいと思います」という語尾を使うことがよくあります。

一見柔らかい印象になりますが、反面自信がないように見え、印象が弱くなります。

脳の仕組みからみると、この「したいと思う」という言い方は、要注意です。

脳は断言したことを受け止め、実現させようとします。

イメージトレーニングはこの脳の特徴を利用して、夢や目標を達成させるものです。ですから、断言ではない「したいと思う」という言い方では、達成しにくくなります。

イメージするときは、「します」「しています」という言葉を使います。語尾をどう言うかは、とても重要です。

たとえば、以前、突然歩けなくなり難病と指定され、入院していた私の場合も、「私は歩けるようになりたいと思います」「私は沖縄の海を歩きたいと思います」ではなく、「私は歩けるようになっています」「私は沖縄の海を歩いています」という言葉を自分自身にかけていました。

コミュニケーションの観点からも、相手に対して話すとき、「〜したいと思います」は、自信がなく受け取られる場合もあります。

特に職場で仕事に関して話すときは、はっきりと言い切ったほうが相手にもわかりやすく、自信があるように聞こえます。

「これから、新しい体制を整えたいと思います」

よりも、

「これから、新しい体制を整えます」「新しい体制にします」と言い切るほうが信頼感が増します。

このように脳の観点からも、コミュニケーションの観点からも、語尾は大事です（また、アナウンサーの観点からも、語尾まではっきりと話すというのは大事な基本でもあります）。

本気のときは、また本気でやりたいときは、語尾まではっきり言い切りましょう。

この他にも「〜かな」という言い方もあいまいな印象で、弱々しくなります。「〜しようかな」も、場面によっては気をつけたい言葉です。

POINT

語尾を言い切ることで、本気度が伝わります

プラスαメモ

私たちの脳の仕組み

私たちの脳は、言葉とともに、その言葉に関連した出来事を、感情を伴って記憶しています。たとえば、「できない」というマイナス言葉は、過去のできなかった出来事と一緒に、そのときのできなくて悲しかった感情や辛かった感情などマイナスの感情も一緒に記憶しているのです。

私たちの脳には、感情を司る大脳辺縁系《だいのうへんえんけい》に扁桃核《へんとうかく》という小さなアーモンドくらいの大きさの部分があります。

この小さな扁桃核が重要な役割を担っています。過去の記憶データから、「できない」という言葉が、プラス感情かマイナス感情かどちらに結びついているかを判断するのです。そして、マイナスと判断すると、マイナスの記憶とともにマイナス感情を瞬時に引っ張り出してきます。すると、過去のできなかったときのマイナス感情がよみがえります。

扁桃核のある大脳辺縁系は脳の構造の真ん中にあります。その外側には思考を司る大脳新皮質《だいのうしんひしつ》、内側には生命維持に関わる脳幹《のうかん》があり、扁桃核は両方に影響を与えます。脳幹はホルモンの分泌の指示を出し、呼吸や血圧など生命に関わる大事な部分でもあります。

ですから、マイナス言葉をずっと言い続けていると、マイナスの感情になり、思考も体調もマイナスの影響を受けてしまいます。これほど、自分にかける言葉は大きな力をもっているのです。

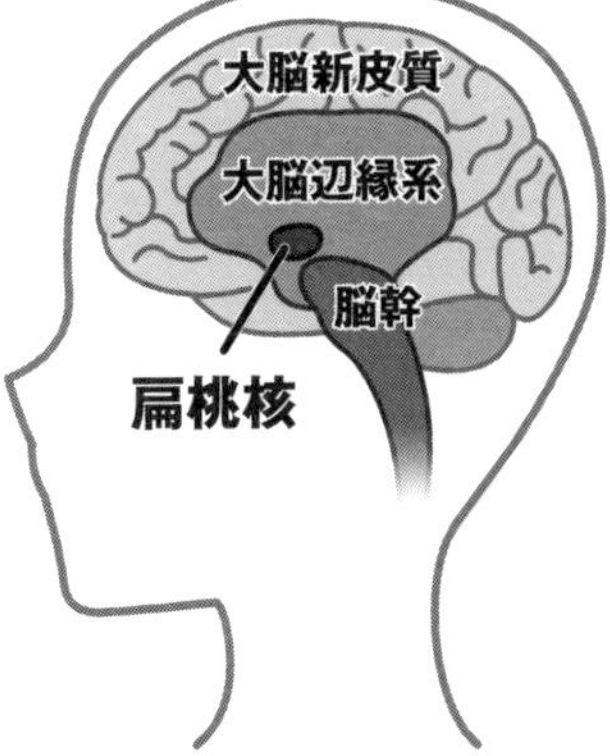

06

自分が行動するとき自分に対しての言葉がけ

○ ポジティブ・フレーズ

× ネガティブ・フレーズ

「～しなければならない」は、義務感から無理してやっているようなマイナスの言葉です。苦しい感じさえします。そこで主体的で前向きな言葉に変換しましょう。ワクワクするようなプラスの感情で行うので良い結果が生まれます。

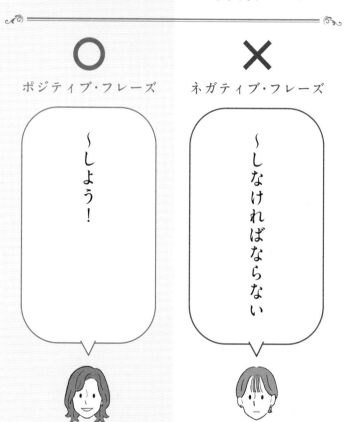

「この仕事をやらなければ」「試験に合格しなければ」「早く行かなければ」など、「しなければならない」と頑張って行っていることはありませんか？

本来は楽しいはずの場面でも、「旅行の準備をしなければ」「旅行を楽しまなければ」と思っているかもしれません。

これは思考のクセとも言えます。

この思考のクセを変えるのは、じつは難しいことではありません。

使っている言葉を変えると、思考が変わってきます（感情は思考にも影響します。プラスの感情を引き出す言葉を使うことで、思考もプラスになっていきます）。

「〜しなければ」「〜ねば」と頑張ってしまうのは、生真面目な日本人には多いように感じます。

義務感からではなく、主体的にやりたいと思うことをやるほうが、結果も良いものになります。
ワクワクする楽しいことをやるときは、プラスのホルモンが出て体調も良くリラックスして取り組めます。

「嫌だ。苦しい」と思いながら大成功することはまずありません。

最近のスポーツ選手のインタビューでは、「楽しんでできました」「楽しむことを考えて試合に臨みました」などの言葉が多く聞かれるようになりました。
ひと昔前の「苦しい練習をしなければ勝てない」という時代から変わってきているのがわかります。

アスリートの世界では、いち早くイメージトレーニングも取り入れて、どうすれば良いパフォーマンスができるかが研究されているからこそ、楽しんで取り組むようになってきているのです。

何かをするときは、「〜しなければならない」ではなく、主体的にワクワクする工夫をして、「〜しよう」と笑顔で取り組みましょう。

たとえば、職場でもワクワクした気持ちで仕事が楽しくなるように、自分のデスクにお気に入りの文具を揃えたり楽しい家族の思い出の写真を置いたりするのもその一例と言えるでしょう。

私の職場は比較的自由なので、デスクに「推し」の写真を置いて、ワクワクしながら仕事に取り組んでいるメンバーもいます。

仕事を楽しくする、こんな工夫も良いですね。

POINT

ワクワクする感情が良い結果につながります

コラム

自分への言葉がけの重要さを知った瞬間

40代のある冬のこと、突然両足の膝から下を激痛が襲い、神経がマヒして、自分で足を動かすことがまったくできなくなってしまいました。痛みで眠れず、足をギューッと締め付けられ、引きちぎられるような感覚。

痛みはこんなに種類があるのかと思うほど、あらゆる痛みで息をするのも辛いほどでした。

検査の結果、難病と診断され、ふたたび歩けるようになるかもわからない状態。

藁をもすがる思いで、学んだばかりのイメージトレーニングを毎晩病室でやりました。

それは楽しい思い出のある沖縄の海を思い浮かべ、「私は沖縄の海辺を歩いています」と自分に言葉をかけイメージするというもの。

リハビリのときも、「動く、動く」「歩けるようになる」と意識的にプラスの言葉がけをしました。

すると発症から11か月後、短い距離でしたが、沖縄の海を自分の足で歩くことができたのです。

イメージしていた通りの青い海でした。

この瞬間のことは、今でも忘れることができません。

まさに奇跡のような出来事でした。

リハビリの期間、私を支えてくれたのは、自分への言葉がけだったと思っています。

言葉には大きな力があります。そのとき、心からそう感じました。

この経験から、自分への言葉がけの重要さを、身をもって感じました。

その後、自分で自分の心を整えることをもっと知りたい、それを多くの人に伝えたいという思いが強くなったのです。

第2章

1クッション入れるだけでラクラク変換！

プラス言葉3段活用の言いかえ方

プラス言葉が良いとわかっていても、できないという方も多いのではないでしょうか？

私もその一人でした。

マイナス言葉が出たときに、プラス言葉に変えるのですが、心のどこかで抵抗感がありました。

じつは、過去に成功体験が少ないと、過去の記憶からプラス感情を引っ張ってくることができにくいのです。

前にお話ししたように、脳は感情を伴う出来事を深く記憶します。なかでも、マイナス感情の出来事がより深く記憶に刻まれると言われています。

悲しかったこと、辛かったこと、怖かったこと……。年を重ねるごとに放っておくとマイナスの記憶のほうが増えていくのは自然なことです。だからこそ、意識的にマイナスの感情に引っ張られないようにする必要があります。

そこで、おすすめなのが「プラス言葉3段活用」です。

この方法で練習することで、スムーズにプラス言葉に変えることができます。すぐにプラス言葉にできないからと、あきらめてしまうのはもったいないことです。

一番大事なのは、マイナス感情を記憶しないこと。

プラスにできないなら、まずはマイナスでもプラスでもない、フラットな中間の言葉に一旦変えてみましょう。

そして、少しずつプラスの要素を足してみてはどうでしょうか。

ワンクッション置くことで、プラス言葉に変える抵抗が少なくなります。

プラス言葉にするのにハードルを感じる人は、スモールステップにして練習するのをおすすめします。

それではさっそく、その具体的な方法についてお話ししていきましょう。

07

仕事やプライベートで難易度の高いことを依頼されたとき

○ ポジティブ・フレーズ

中間言葉

× 気持ちそのままフレーズ

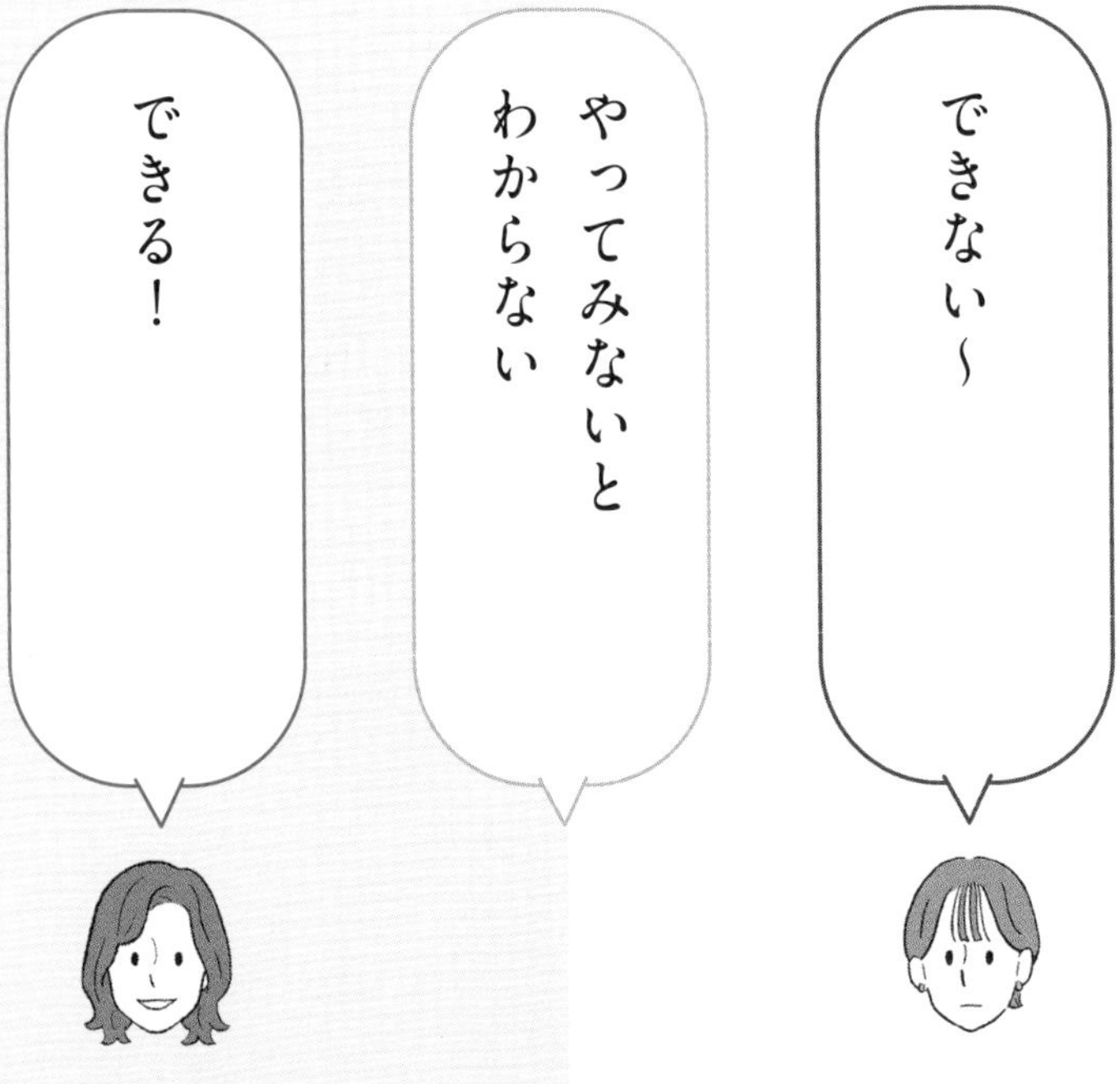

プラス言葉が良いのはわかっていても、マイナス言葉をプラス言葉に変えるのは抵抗があり難しい。そんなときは、一旦、プラスでもマイナスでもない、フラットな中間の言葉に変えて、その後にプラスに変えるプラス言葉3段活用を使ってみましょう。少しプラス要素を含んだ「きっと」もおすすめです。

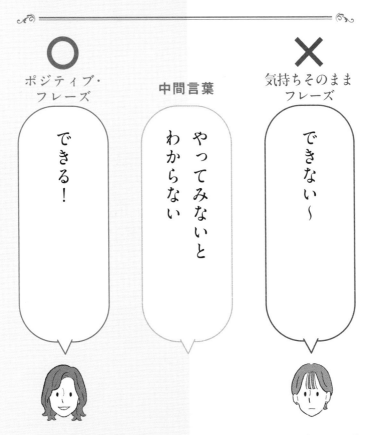

脳の仕組みからもプラス言葉を使うとプラスの感情が引き出されます。

プラス言葉に言いかえる効果はここにあります。


しかし、**過去の成功体験が少なくて自己肯定感（ありのままの自分を肯定的に受け止める感覚）が低いと、いくらプラス言葉を言っても過去の成功体験が少ないためにそういった感情を引き出してくることができません。**


また、自己肯定感が低いと、プラス言葉を言いながらも「私なんて〜」「ムリ〜」と同時に心の内側で叫んでいるような状態になることがあります。

アクセルとブレーキを同時に踏んでいるようなものです。

これでは、いくらプラス言葉に変えてもその効果は得られません。

私たちの脳は、マイナス感情を伴う出来事を深く記憶するという特徴があります。

犬に吠えられてから犬が苦手になったとか、事故にあいそうになってから運転するのが怖くなったとか、海外旅行でお財布を無くしてから海外旅行にはもう行きたくなくなったとか、そんな経験はないでしょうか？

昔はできていたのに、だんだん臆病になり行動できなくなってしまうことがありますが、これは自然なことなのです。

だからこそ、マイナス言葉をプラス言葉に変えるのにハードルが高く感じたら、プラス言葉3段活用をやってみてください。

一旦プラスでもマイナスでもない「やってみないとわからない」などの中間的な言葉を置くことで、気持ちをニュートラルにして無理なくプラス言葉に変換することが可能になります。

なかでも「きっと」という少しだけ、プラスの要素を含んだ言葉もおすすめです。

そして何よりも、自分にしっくりくる中間言葉を探すことが重要です。

POINT

気持ちをいったんニュートラルにすることで
次のひと言が出やすくなります

08

困難な状況に陥ってしまった

○ ポジティブ・フレーズ

チャンス

中間言葉

きっと意味がある

× 気持ちそのままフレーズ

ピンチ

失敗したときや、ピンチの状況での言葉がけはとても重要です。言葉がけを変えると受け止め方が変わり、マイナスの体験となりません。新たなマイナスの記憶にしないためにも、マイナスの感情に引っ張られないことが大事です。

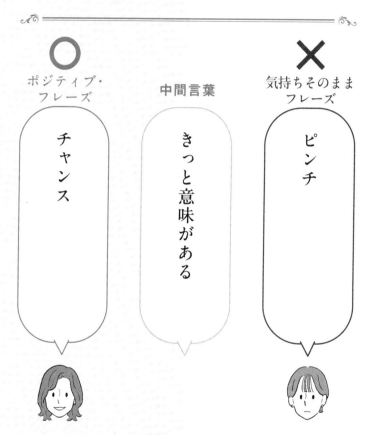

生きていると、大なり小なり自分にとって困難な状況が起こります。

普通に考えるとマイナスの状況なのですから、マイナスの感情になって当然です。

しかし、1つの事実をどう受け止めるかで、出てくる感情が変わってきます。

困難な出来事のときに、いきなりプラスの感情にするのは難しくても、それをマイナスの感情とともに、新たなマイナスの記憶にしないことが大切です。

では、どうすれば良いのでしょうか?

そんなときは、起きている出来事に対しての、言葉がけを変えることをおすすめします。

「プラス言葉3段活用」の中間言葉、フラットな言葉で受け止め方を変えて、マイナスの体験となるのを食い止めるのです。

そのときマイナスの感情に引っ張られないようにするのがポイントです。

たとえばピンチの場面でも、「きっと意味がある」と捉える。

そうすることで、これは何のチャンスなのだろうと考えることができます。

実際、どんなピンチの中にも受け止め方次第で、チャンスの種を見つけることができるのです。


私たちの脳は、「問いかけ」をすると、自動的に答えを探そうとしてくれます。


「きっと意味がある」と言うと、何の意味があるのかを探そうとするのです。

反対に、「なんでこうなってしまったんだろう」と原因を問いかけると、何が良くなかったのかに視点がいってしまいます。

もちろん、原因を分析して次に活かすことも大事です。しかし、その経験をマイナス感情で終わらせないことが、最も大切だと考えます。


このように、その出来事をプラスの視点から見ると、出てくる感情や思考も変わってきます。

いきなり、プラス言葉の「チャンス」まで変えられないという人も、ピンチのときは、「きっと」という少しだけポジティブ傾向のある言葉も添えて、「きっと意味がある」と言ってみましょう。

そう変えるだけでもマイナスの記憶にはならないので、大きな違いとなります。

POINT

「きっと意味がある」と、
状況の受け止め方を変えましょう

09

ありえない事態が降りかかった

○ ポジティブ・フレーズ

何ができる？
次はどう改善しよう
どう活かそう

中間言葉

大丈夫、落ち着こう

× 気持ちそのままフレーズ

最悪〜

自分が思っていなかったマイナスの状況になったときは、その事実にパニックになってしまいます。まず、気持ちを落ち着かせることが大切です。少し冷静になってから、その状況をどのように受け止めて、どう行動に移すのか、自分自身に問いかけます。

時間をかけてつくっていたデータを誤って消してしまったとき。

「わあ〜、どうしよう。やっちゃった〜〜〜」（パニックになる）

約束の時間を間違えていたことに気づき、遅れてしまいそうなとき。

「最悪〜〜」

依頼されていた仕事をすっかり忘れていたとき。

上司　「○○さん、今日までに仕上げてもらう会議資料、できてますか？」

部下　「……スミマセン！（アワアワ〜〜、すっかり忘れていた）」

自分のミスが発覚したとき。

上司　「誰がこの仕事担当したの？　この数字間違って印刷されているよ」

部下　「え〜〜、どうしよう」

あり得ないことが起きたとき、どんな言葉が出てくるでしょうか。

そんなときは、マイナス感情にどっぷりひたるのではなく、ニュートラルに気持ちを落ち着けることが大切です。

プラス言葉3段活用では、「最悪〜」という言葉を、「大丈夫、落ち着こう」と受け止め、気持ちを落ち着かせてから、「何ができる」「次はどう改善しよう」「次にどう活かそう」とプラス視点に変えていきます。

スポーツの分野を中心に浸透してきているメンタルトレーニングは、わかりやすくいうと「感情をコントロールする方法」です。

どんなときも、自分の感情をコントロールし安定させることで、自分の持っている能力を発揮できるようにします。

特に、マイナスの状況になったときに、感情をコントロールしてマイナスに引っ張られないのがポイントです。

「メンタルが強い人」は、どんな状況でも感情をコントロールして、心を安定させることができる人です。

そのためには、ミスや失敗したときなどの、自分への言葉がけが鍵となります。**失敗したときに、「次にどう活かそう」とすぐに変換できれば良いのですが、それが難しいと思う場合は、「まず、落ち着こう」と、自分の気持ちを落ち着かせることからやってみましょう。**

仕事の場面でも、突然、思いがけないトラブルが発生することがあります。

あるとき、プレゼンテーションのために時間をかけて準備していたパワーポイントが、機材の不調で表示できなくなり、急遽、パワポなしでやることになりました。

まさに、「どうしよう、最悪〜！」の状況ですが、ここで気持ちが焦ってアワアワとなるのではなく、「まず、落ち着こう」と深呼吸しました。

焦った状態では、良い案も浮かんできません。

そこで落ち着いた状態で、「何ができる」と考えたところ、事前に印刷していた資料があるので、それを基に講演会形式にアレンジして、パワーポイントなしでやり遂げることができました。

結果、パワポを使わなかったことで、通常のように、会場のライトを消すことなく明るいままでプレゼンを行うことができ、参加者の表情や反応もわかって、コミュニケーションをとりながら話をすることができました。

これを次に活かすために、今後は会場での準備を本番通りの状態にして必ずテストをしておくこと。

また、万が一、機材トラブルでパワーポイントが使えなかったときは資料を配布して、違う形でもプレゼンテーションができる準備もしておくというような、危機管理対策も含め対応を決めました。

失敗を、失敗として終わらせない。何かの学びとすることもできるのです。

自分の感情をコントロールできると、自分自身の心が安定してきます。

人とのコミュニケーションにおいても、自分の心が不安定では相手とより良い関係を築くこともできません。

感情の起伏が激しいと、自分自身でもマイナス感情に振り回され、周りとの関係も難しくなりがちです。

まず自分の感情をコントロールできるようになることが、周りの人と安定してコミュニケーションをとるうえで大切になってきます。

自分で思うようにならなかったときに、自分にかける言葉を意識してみましょう。気づくこと、そこから変化が始まります。

POINT

マイナス感情から、
まず気持ちを落ち着かせることが大切です

10

チャレンジしたが
うまくいかなかった

〇 ポジティブ・フレーズ

次はできる！
次はどうしたら良い？

中間言葉

どこまでできた？

✕ 気持ちそのままフレーズ

やっぱりダメだ、
できない

チャレンジするくらいの内容なので、うまくいくときばかりではないかもしれません。しかし、少しでもできていることがあれば、そこに焦点を当ててみましょう。そのうえで、「次はどうしたらもっとうまくいくのか」を考えて、モチベーションを上げましょう。

コップに半分の水の話をご存知ですか？

コップに半分水が入っています。

このコップを見て、水が半分しかないと思うか、まだ半分もあると思うか。

あなたはどちらのタイプですか？

これも思考のクセで、どちらに視点がいくかで大きな違いが出てきます。

繰り返しになりますが、**プラスに目を向けるようにすると、自然とプラス感情が出てきて、思考もプラスになり、体調もプラスになるので、プラスの行動ができて結果もプラスにつながります。**

たとえば、1日の水分がこのコップの水だけと言われた場合、「まだ半分もある」と捉えると、気持ちに余裕が出て安心した気持ちで、落ち着いて考えることができるでしょう。

そして、ペットボトルの買い置きがあったことを思い出すかもしれません。

反対に、コップに水が半分しかないと思うと、足りるだろうかと不安になって、焦る気持ちになってしまいます。

落ち着いて考えられないために、オドオドし慌ててコップの水をこぼしてしまうかもしれません。

100点満点のテストで70点を取ったときはどうでしょうか？　できなかった30点に視点がいってがっかりするのか、できた70点に視点がいって満足した気持ちになるかで、感情はまったく違ってきます。

では100点を目指して、30点分の点数を伸ばすにはどうしたら良いか考える場合、できている70点に視点を向けて「7割もできた。やった～」とプラスの感情で、30点の伸び代を考えるほうが、ワクワクできそうです。

反対に、「なんで30点も間違ってしまったんだろう。なんて自分はダメなんだ」と思って間違えた30点を受け止めると、自信がなくなり萎縮して、やる気も出てきません。

同じ点数なのに、視点を変えただけでこんなにも違うのです。

これと同じように、毎日の生活の中でできなかったことに目を向けるのではなく、どんなに小さくてもできたことに目を向けましょう。

また失敗のような、うまくいかずに落ち込みそうなときほど、プラスの感情を引き出すために、良かったことやできたことを探してでも、プラスに目を向けてください。

改善点を見つけて、次につなげれば良いのです。

もちろん、できなかったところを冷静に受け止めることは大切です。このときにマイナス感情に引っ張られないようにするのが重要です。

そのためにも、まず良かったことに目を向けて前向きな気持ちにしてから、改善点を考えてみる。

最後は、次にどうなったら良いか、プラスの感情で終わるのがポイントです。
前にも書いたように、脳は最後を記憶するからです。
ここでも、感情をコントロールして、気持ちを安定させることが大切になってきます。

POINT

できたところに目を向け、
次はどうしたらできるか考えましょう

コラム

「きっと意味がある！」

この夏、思いがけず、右肘を粉砕骨折しました。

不覚にも転んだときに全身を右肘で支えてしまったのです。


救急病院を受診後、6時間の手術。約1か月の入院となりました。

肘の曲げ伸ばし、手首を動かすこと、指を動かすこと、すべてのリハビリが必要です。一瞬の出来事で、こんな状態になるとは……。


じつは、念願の出版が決まり、「さあ、これから！」というタイミングでした。

時計の針を巻き戻したいと、いくら願ってもできません。

そこで、「きっと意味がある」と切り替えて、前を向くことにしました。

今までは当たり前だった、日常生活の1つひとつがどんなにありがたいことかを痛感しています。

両手で顔を洗うこと、歯を磨くこと、お化粧をすること、お箸でご飯を食べること。利き手がどんなに精巧なのかを思い知らされました。

そして、周りの皆さんの優しさ、温かさに感謝する日々です。

骨折で入院と聞いて、身の回りのものを準備して病室に届けてくれた友人。励ましの声をかけてくださった皆さん。本当にありがたかったです。

飲食店でフォークやスプーンを準備してくださったり、ペットボトルの蓋を開けてもらったり、荷物を持ってもらったり。気配りのできる人に出会うと感動してしまいます。

怪我をしたからこそ、優しく思いやりのある皆さんに支えられていることに、改めて気づくことができました。

「きっと意味がある」

視点を変えたことで、感謝の気持ちが溢れてくる毎日です。

第3章

初対面からお礼まで
周囲が自然とプラスの空気になる言いかえ方

職場やプライベートなどで、いつも生活する場所が、居心地良く安心して過ごせる環境であれば、どんなに気持ちが落ち着くでしょうか。

それが幸せの土台となっています。

そういった状態になるには、プラスでもマイナスでもない、なんでもない日常で、どれだけ相手を肯定的に受け止めて、プラスのメッセージを送れるかが大切です。

普段の何気ないときに、相手を少しだけプラスの感情にすることができると、コミュニケーションの信頼関係が強くなっていきます。

つまり、相手を少しだけプラス感情にする、喜ばせるような言葉がけをするということです。

ハードルが高いと思われた方もいるかもしれませんが、これは何も難しいことをする必要はなく、日常の習慣としてできるようなもので構わないのです。

たとえば、普段の挨拶、何気ない会話の言葉など。

いつものコミュニケーションをちょっと意識してみるとよいでしょう。

しかし、これには注意点があります。

単にテクニックで言葉がけをするのではなく、本心からその言葉を発するということが何よりも肝心です。

「目は口ほどものを言う」と言われるように、心にもないことを言うと、相手はそれも含めてメッセージとして受け取ります。

思ってもいないことを、上辺だけで言われたらどうでしょうか？

喜ばせるどころか、信用をなくしてしまいますよね。

この章で重要なポイントは、心から思っていることを言葉にすることです。

そのため必要なのが、相手に関心を持って、相手のことを知ろうという気持ちです。

相手を世界でたった一人の大切な存在として、誠実に向き合っていくことが大前提になります。

11

職場やプライベートで毎日会う相手に対しての挨拶

○

ポジティブ・フレーズ

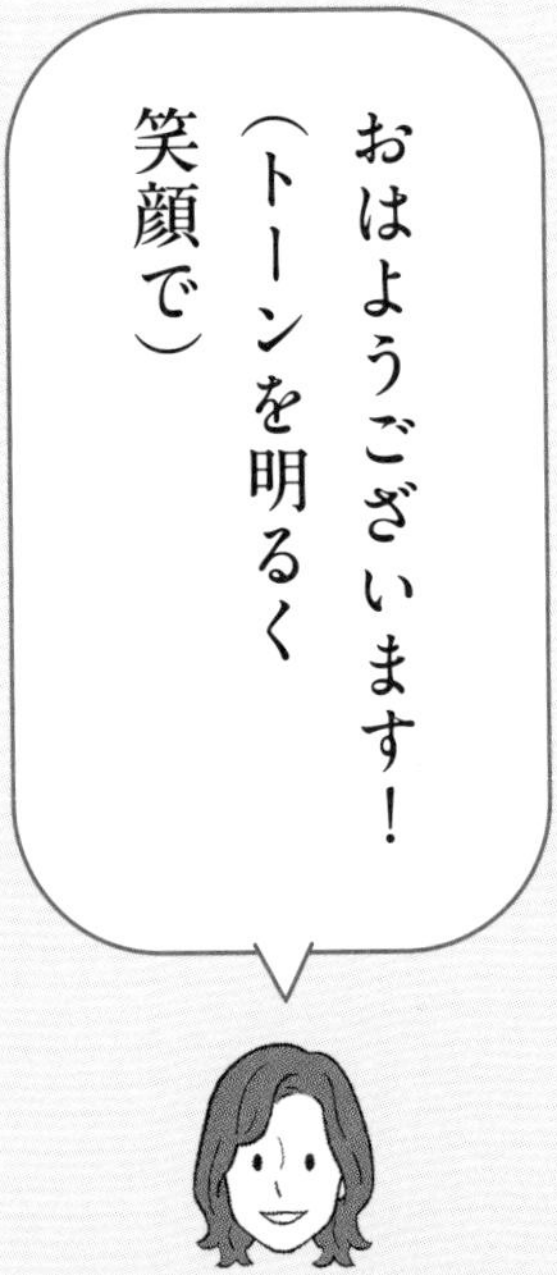
おはようございます！
（トーンを明るく
笑顔で）

×

無難なフレーズ

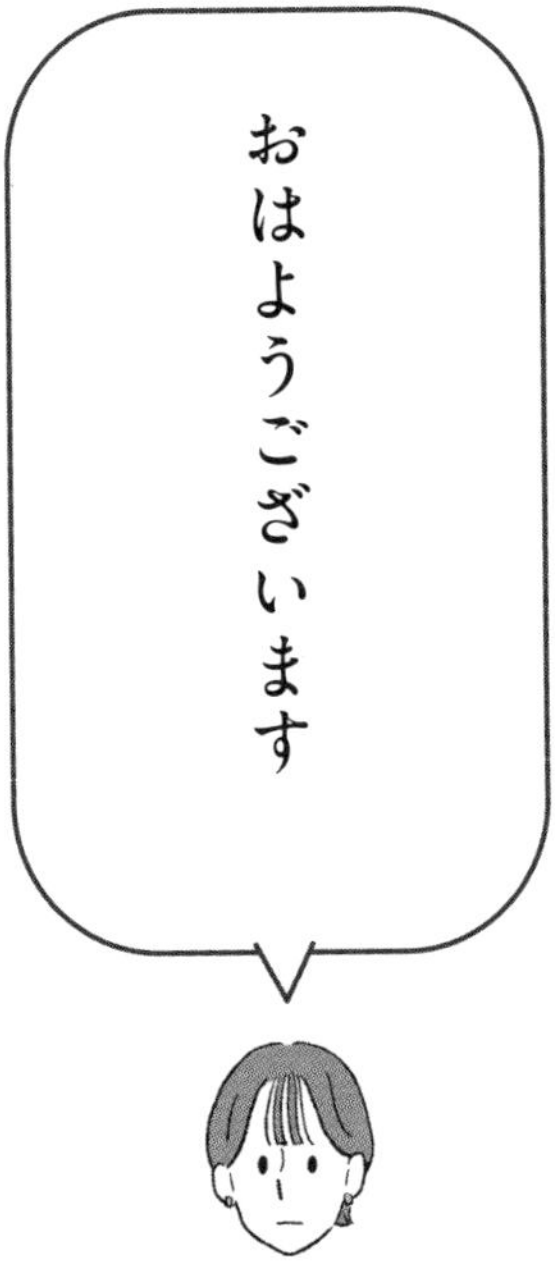
おはようございます

職場に出勤したときに、「おはようございます」と明るく笑顔で挨拶できていますか？　朝の挨拶は職場の雰囲気に影響します。プライベートでうまくいかない状態のとき、ミスをした後も気持ちを切り替えて、プラス言葉で相手に挨拶を届けましょう。簡単に見えるものこそ大切です。挨拶でプラスにリセット！

意識していなくても、毎日の習慣がコミュニケーションの基礎となります。

私たちは、言葉以外にも無意識にいろいろなメッセージを発信しています。


あなたの周囲に、自分の不機嫌さで周りに悪影響を及ぼす人はいませんか。

あなた自身もそんなときはありませんか？

本人は、そんなつもりはないかもしれませんが、不機嫌な人がいると、その場が一気にマイナスの感情に影響されてしまいます。

たとえば、朝、こちらが「おはようございます」と挨拶しても、何の返事もなくそっぽを向かれてしまったらどうでしょうか？

相手は、何かプライベートで嫌なことがあって、考えごとをしていただけなのかもしれません。しかし、「何か悪いことでもしたかな？」と気になってしまいますよね。

特に職場のような公的な場面では、最低限、自分の感情は自分でコントロールするのがマナーではないかと思います。

気持ちをリセットし切り替える力が、メンタルトレーニングでも重要です。

日常の中での小さな積み重ねが、切り替える力にもつながっていきます。

反対に、この人が出社すると一気に空気が明るく変わるという人もいます。

私の周りにも、素敵な挨拶をする人がたくさんいます。

以前の職場で、毎日鼻歌交じりで「おはようさ〜ん」と出社される方がいました。職場に来るのが楽しくて仕方ない感じなのです。その方が職場に来られると、会話も弾んで一気に楽しい雰囲気になっていました。

別の上司も、いつも元気に大きな声で、「おっはようございま〜す」と、出社されていました。

後輩の1人は、笑顔がとっても素敵で、ひまわりのような大きな笑顔とともに、いつもにっこり挨拶をしてくれます。

相手のことを思い出すときに、どんな表情が思い浮かぶでしょうか？

笑顔が思い浮かぶ人は、きっと周りに肯定のメッセージを出して、プラス感情を引き出している人でしょう。

そんな人がいると空気がプラスに変わります。笑顔のある場所には、プラス感情が溢れています。笑顔は肯定のメッセージとも言えますね。

そうは言っても、「いきなりそんなことはできない」と思っていませんか？じつは「ちょっとおおげさかな」と思うくらいやってみても、案外周りには、そこまで伝わっていないものです。

まずは、いつもより、少しだけ声を大きめに、トーンも少し明るくして、笑顔で挨拶することからスタートしましょう。

嫌な気持ちのときも、挨拶でプラスにリセットしましょう。

習慣は意識することで変えることができます。最初は意識していても、次第に無意識にできるように身についていきます。

プラスαメモ　メラビアンの法則

「メラビアンの法則」をご存知でしょうか？

アメリカの心理学者アルバート・メラビアンが提唱したものです。言葉に対して感情や態度が矛盾しているとき、それをどう受け止めるのかの実験の結果、

1　表情や視線など見た目や仕草による「視覚情報（Visual）」が人に与える影響度は55％
2　声の大きさや話すスピードなどの「聴覚情報（Vocal）」は38％
3　会話そのものの内容である「言語情報（Verbal）」は7％

と言われています

たとえば、体を折り曲げて、苦しそうな表情をしている人に、「大丈夫ですか？」と聞いたときに、「大丈夫です。元気です」と、か細く弱々しい小さな声で返事をしたような場合です。

言葉では、「大丈夫です。元気です」と言っていますが、視覚、聴覚から得る情

報から、「苦しくて体調が悪そう」という情報を受け取るというものです。

このように、言語（バーバル）コミュニケーションと、非言語（ノンバーバル）コミュニケーションが一致しない場合は、視覚や聴覚からの情報も合わせて判断しているのです。

たとえば、「そんなことは言っていません」と言っても、姿勢や表情、声のトーン、体全体から醸し出している雰囲気など、すべてで私たちは無意識のうちに情報を発信しているのです。

また、非言語コミュニケーション研究者レイ・L・バードウィステルは、「二者間の対話では、言葉によって伝えられるメッセージ（コミュニケーションの内容）は全体の35%にすぎず、残りの65%は、話しぶりや動作、ジェスチャー、相手との間のとり方など、言葉以外の手段によって伝えられる」と言っています。

このように言葉だけではなく、言葉を発するときは同時に、言葉以外でのコミュニケーションも同時にしていることを意識しましょう。
そのうえで言葉と、視覚や聴覚などの他の情報が一致しないと、コミュニケーションが混乱し、思ってもみないように受け取られ、誤解を生むこともあることを覚えておいてくださいね。

POINT

日常の場面での小さなプラスメッセージが人間関係の土台です

12

参加したセミナー会場で初めて会った人との最初の会話

○ ポジティブ・フレーズ

× 無難なフレーズ

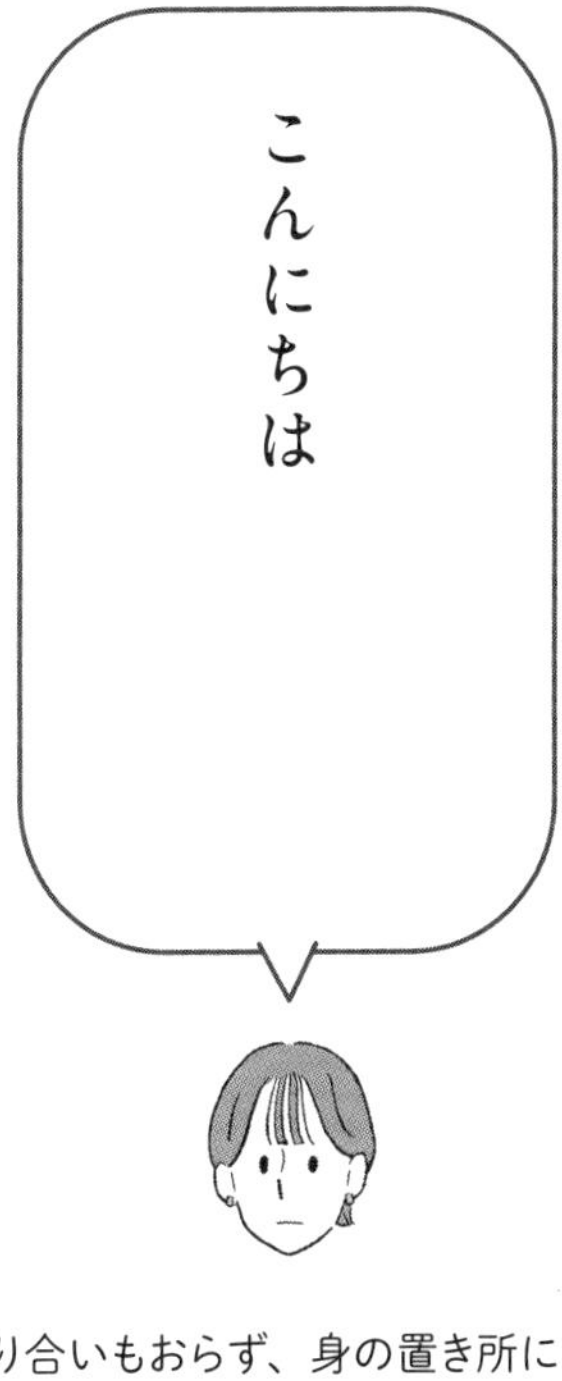

セミナーに一人で参加したとき、知り合いもおらず、身の置き所に困るようなことがあります。そんなときは、参加している方に声をかけることで、会話が広がるかもしれません。あまり深い内容を話す必要はありません。プラス言葉で自分も相手もプラスの雰囲気になるでしょう。

一人で参加した懇親会会場で。

「……」

すれ違う人と目を合わせないように、壁際に立っている。

誰も知り合いがいないので、早く終わらないかと思っている。

セミナー会場で。

空いている席に座り、資料を見ながら下を向き、セミナーが始まるのを待つ。休憩時間にはスマホをいじり、誰とも会話をしないまま終わったらすぐ家に帰る。

こんな人を見かけたことはありませんか？

もしかしたら、こんな経験があるという方もいるかもしれません、

このような懇親会やセミナーなどは、共通のことや、関心事があって同じ時間を共有しているのではないでしょうか？

そのため感想を言い合うことから、ご縁が広がる可能性もあります。

たしかにセミナーや懇親会などに一人で参加したとき、知っている人もいなくて、心細くて居心地が悪いことがあります。

では初対面の人に、どんな言葉をかければ良いのでしょうか？

これも迷うところです。

そんなときには、きっと周りに同じように感じている人がいるかもしれません。

そこで**その人に声をかけてみると、自分がホッとできるだけではなく、相手も話せる人ができたことで、安心することもあるでしょう。**

さあ、どんな言葉をかけましょうか？　できれば、少しだけ、相手の気持ちをプラスにするような言葉をかけたいものですよね。

いきなりプライベートな質問をするのはよくありません。

難しい話をするのも相手の反応がどうなるかはわかりません。

そこで、「今日のセミナー楽しみですね？」と言ってみるのはどうでしょう？

脳は聞いた言葉をイメージする特徴があります。

プラスの言葉でプラスのイメージを共有しましょう。

「今日のセミナー、難しそうですね」と言われるよりも、「セミナーが楽しみですね」と言うと、良いイメージが共有され、次の会話が広がりそうです。

せっかく同じ時間、同じ場所で共通のことや同じ関心事があるのに、誰とも何も話をしないまま終わるのは、残念です。

ささいなことでも良いので、そのときの状況で、相手が少しでも気持ちが上がるようなものを探して言葉にして話しかけてみましょう。

セミナーの感想や意見を話すことで、会話が広がりやすくなります。

そして、そこからご縁が広がる可能性もあります。

POINT

相手の気持ちが少しでも上がる
言葉がけをしてみましょう

13

初めての商談相手や名刺交換をした後

○ ポジティブ・フレーズ

今日はお天気で
良かったですね

× ネガティブ・フレーズ

「……」
（どぎまぎして
言葉が出ない）

まず、とっかかりとなる「ひと言目」は、ごく簡単な質問で相手が肯定できる内容で話しかけ、安心できる関係をつくるのがおすすめです。その後に、オープンクエスチョンで相手のことを質問して話を広げることもできます。

先ほどもお伝えしたように、初対面でも、できるだけ相手の気持ちが前向きで明るくなるメッセージを送ることが、コミュニケーションでは大切です。

相手がどんな人なのかわからない状態で、相手のことを根掘り葉掘り聞くのは、もちろんNGです。

また、いきなり答えにくく難しい質問をするのではなくて、「はい」「いいえ」で答えられるような簡単な質問（クローズドクエスチョン）が答えやすくて良いでしょう。

それも「はい」で答えられるような質問だと、肯定的な関係を築きやすくなります。

「いいえ」と答えると、脳の中でも否定のイメージになってしまいます。

まず簡単な肯定的なやりとりの後に、答える内容が広がるオープンクエスチョンで質問をして、コミュニケーションをとると話がはずみます。

どんなことを会話のテーマにしたら良いかというときに、お天気のことを話すと良いと言われますが、これもその1つといえますね。

そのうえで「雨で嫌ですね〜」ですと、マイナスのイメージになってしまうので、注意しましょう。

「小降りで良かったですね。もうすぐ上がりそうですね」というように、何かしらプラスの点を見つけて言うこともできます。

また、相手の話は肯定的に受け止めて聞きましょう。

「でも」「だけど」などと、否定せずに、「そうなんですね」と、一旦相手の話の内容を受け止めることが大切です。

初対面でのやりとりで否定されてしまうと、そこで話が止まってしまいます。

これは無意識で出てしまうクセの人も多いので、自分が普段どんなやりとりをしているのか、一度意識を向けてみてください。

相手が良い気持ちで話せる話題をこちらからも提供し、共感して聴きましょう。

ここで、あいづちの「さしすせそ」をご紹介しましょう。
プラス言葉のあいづちを打つことで、会話をする雰囲気がプラスになります。

サ行活用
さ　さすが　最高
し　信じられない（感心する様子で）
す　素晴らしい、すごい、すてき
せ　センスいいですね
そ　そうなんですね（感心する様子で）

すぐに取り入れやすいのでおすすめです。

ここでも、リップサービスような、上辺の言葉でなく、気持ちを込めて聞くことが大事です。

すると自然に非言語（ノンバーバルコミュニケーション）も伴ってきます。

POINT

まずは、相手が肯定できる簡単な質問をして関係を築きましょう

14

職場や日常の場面で相手にお礼を伝える

○ ポジティブ・フレーズ

仕事が丁寧で助かります。ありがとうございます。わかりやすい資料でした。皆、喜んでいましたよ

× 無難なフレーズ

ありがとう

できるだけ具体的な内容を入れて、感謝の気持ちを言葉で伝えるのが基本です。第三者からの好評価の情報を伝えると、相手もより嬉しい気持ちになるでしょう。ただし、事実でないと、それも含めて相手に伝わってしまうので注意が必要です。

上司「会議資料、ありがとう。とってもわかりやすくて、説明しやすかったよ。参加者の反応もとても良かったよ」

部下「ありがとうございます」

先輩「早く提出してくれてありがとう。まとめる時間ができて助かるわ」

後輩「良かったです」

社員「差し入れをありがとうございます。皆とっても喜んでました」

来客「喜んでもらって嬉しいです」

あなたは1日に何回「ありがとう」と言っていますか？

日常のプラスでもマイナスでもない場面で、どれだけプラスのメッセージを送れるかが、コミュニケーションの大事な土台になると前にお伝えしましたが、「ありがとう」と言うとき、これは大きなチャンスです。

「ありがとう」だけでも良いのですが、そこにもうひと言、相手がより嬉しい気持ちになるような具体的な言葉をつけると、さらにパワフルな肯定のメッセージとなります。

職場で資料を準備してくれたメンバーに、

「わかりやすい資料をつくってもらって、本当に助かったよ。ありがとう」

こう伝えることで、自分のやった仕事が相手の役に立ったことがわかります。誰もが人の役に立てる、ということは嬉しいものです。

これは、どんな場面でも応用することができます。

相手がどんなことをしてくれたのか、相手を理解することから始まります。

たとえば、「ありがとう」にまつわることを、あらゆる角度から考えてみましょう。

そうすると、自然と相手への感謝の気持ちも増してきます。

その気持ちで「ありがとう」を伝えるのです。

成果を上げるようなことがあった場合は、自分だけの力ではなく、見えないところで支えてもらっている人たちへの想像力を働かせて、感謝の気持ちを持ちましょう。

自分一人でできることは限られています。

直接的でなくても、見えないところでつながっていて、たくさんの人の力に助けられているのです。

普段から肯定のメッセージを伝えて、信頼の土台を築いておくと、何か問題が起こったとき対応が違ってきます。

どんなことも基礎が大切と言いますが、「ありがとう」はコミュニケーションの柱の1つです。

POINT

具体的な内容を入れて、「ありがとう」を使えると相手に響きます

15

あらかじめ会うことがわかっていた初対面の相手に対して

○ ポジティブ・フレーズ

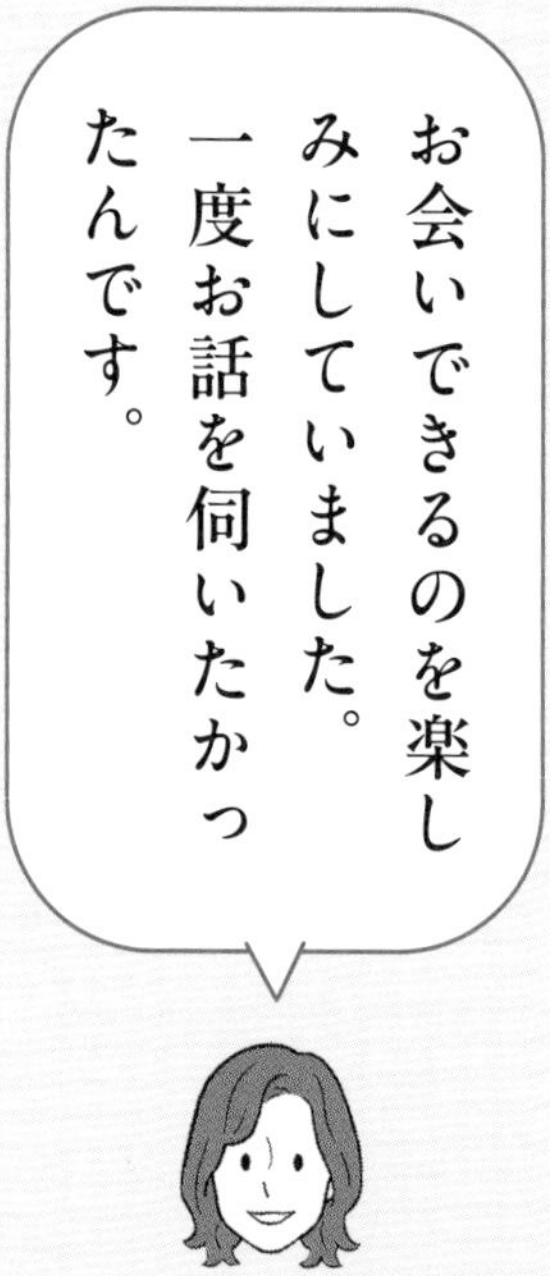
お会いできるのを楽しみにしていました。一度お話を伺いたかったんです。

× 無難なフレーズ

はじめまして

初対面のとき、英語では　It’s a great pleasure to meet you！と（お会いできてとっても嬉しいです）とか、It’s an honor to meet you！（お会いできて大変光栄です）などと言いますが、日本語でも出会えた喜びを言葉で表現してみましょう！　相手にそれが伝わります。

人の心は感情で動きます。

ある恩師に、

「初対面の人に会うときは、大好きな相手とやっと会えるという気持ちで出会いましょう」

と言われたことがあります。

その感情は相手に伝わります。

初めて出会う相手に対して、会う前から、感謝や喜びの感情を持って相手に接すると、その気持ちは自然と相手に伝わります。

大好きな人と会う約束をしたときは、何日も前から何を着て行こう、どこに行こうと考え、当日も念入りにオシャレをして、ワクワクした気持ちで出かけますよね。

このような場合、会った瞬間、ノンバーバルメッセージでこちらの思いも相手にきっと伝わっています。

先ほどもお話しした「メラビアンの法則」にもあるように、良くも悪くもノンバーバルのメッセージが伝わります。

大好きな相手にやっと会えたような気持ちで、「はじめまして！」と言うだけでも、口角は上がり笑顔になっているのが想像できますよね？

アナウンサー時代、多くのハリウッドスターにインタビューする機会がありました。

映画のプロモーションで来日していて、そのお話を聞くために、独占でインタービューの時間が設定されました。

とりわけ大学生の頃からのファンだったトム・ハンクスにインタビューしたとき、私は言葉以上にプラスの感情があふれ出ていた状態だったことでしょう。

時間をフルに使うために英語で準備をしてインタビューしましたが、言葉を超えてノンバーバルで発信されたメッセージが伝わり、長年のファンということもわかったと思います。

結果、インタビューした次の日のレッドカーペットの取材で「覚えていますか？」と声をかけると、なんと「Hi! SAKI～」と言ってくださったのです。

短い時間で、たくさんのインタビューに答えていらっしゃるのですから、まさか覚えてもらっているとは思ってもおらず、想定外の対応に嬉しいびっくりでした。

その瞬間の、目と口がこんなに大きくなるのかと思うほどの、私の変顔の表情も番組でしっかりオンエアされてしまいましたが……。

真摯に向き合ってくださった、トム・ハンクスさんの誠実な人柄がわかるエピソードでもあります。

そして、**「言葉以上に、思いや感情が伝わる」**というのを実感した出来事でした。

POINT

「あなた」に出会えた喜びを言葉にして相手に伝えましょう

16

相手が緊張するかもしれない場面で

○ ポジティブ・フレーズ

リラックスしてね。落ち着いてね

× ありがちフレーズ

緊張しないでね

脳は言葉を聞いたときにイメージをします。肯定語で伝えるほうがスムーズに理解できます。これは、自分への言葉がけでも、相手とのコミュニケーションでも同じです。肯定語での会話が、相手との理解が深まって良い関係を築くベースとなります。

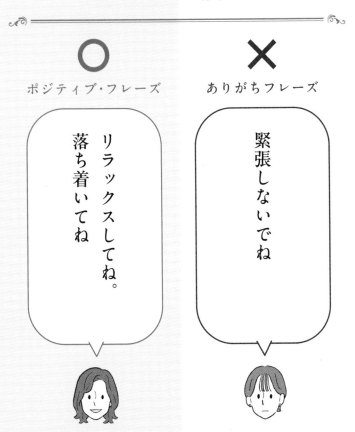

明日、大きな取引が決まるプレゼンの担当をする同僚に。
自分「明日は緊張せずに、力を出してくださいね」
同僚「あ、はい。頑張ります」

取引先を訪問する集合時間について。
上司「明日の集合時間に遅れないでね」
自分「わかりました」

日常で使う言葉もできるだけ肯定語で言いかえてみましょう。
脳は、最初に聞いた言葉をそのままイメージします。
それであれば、できるだけ良いイメージが広がる言葉を使いましょう。
またあいまいな表現ではなく、数字を入れると誰に対してもわかりやすくなります。

前に脳は否定形を理解しにくいという話をしましたが、脳は聞いたことをすぐにイメージします。日本語の場合はとくに、否定なのかどうかは文を最後まで聞かないとわかりません。

ですから、それまでは最初に聞いた言葉をイメージしています。

たとえば、次の文章を読んでみてください（言葉を聞くイメージで）。

「ピンクではないウサギは、黒のサングラスはしていません。青のリボンもしていません」

いかがでしょう。

ピンクのウサギが黒のサングラスと、青いリボンをしているのを思い浮かべる人が多いのではないでしょうか？

そうでなくても、白いウサギなのか、黒いウサギなのかもわからず、理解しにくいですよね。

ですから、「ありがちフレーズ」のように**「緊張しないで」**ではなく、**ストレート**

に「リラックスして」や「落ち着いて」のほうが、どうしてほしいかが具体的で正確に伝わります。

「遅刻しないで」と言うと、「遅刻」がまずイメージされてしまいます。

これでは逆効果ですね。

この場合は「時間に間に合うように」「○時までに」などのほうがスムーズに理解できます。

自分に対しても、相手に対して話すときも、否定形ではなく、わかりやすい肯定形の言葉にしてみましょう。

否定形から肯定形の言いかえ

「失敗しないように」	→「うまくできるように」
「遅刻しないで」	→「〇時〇分に来てくださいね」
「緊張しないで」	→「リラックスして」
「間違えないでね」	→「正確にしてくださいね」
「走らないで」	→「ゆっくり歩いて」
「忘れないで」	→「覚えておいて」
「捨てないで」	→「持っておいて」
「消さないで」	→「そのままにしておいて」
「怒鳴らないで」	→「落ち着いて話して」
「泣かないで」	→「涙をふいて、笑って」
「残さないで食べて」	→「全部食べて」
「無駄にしないで」	→「大切にして」
「騒がないで」	→「静かにして」
「負けないで」	→「勝って」
「言わないで」	→「黙って、見守って」
「興奮しないで」	→「落ち着いて」
「あきらめないで」	→「希望を持って」
「寝ないで」	→「起きていて」
「無視しないで」	→「しっかり見て・聞いて」
「落ち込まないで」	→「元気を出して」
「嘘をつかないで」	→「正直に」
「うつむかないで」	→「前を向いて」
「座らないで」	→「立っていて」
「ビクビクしないで」	→「堂々として」
「メソメソしないで」	→「朗らかに」

プラスαメモ　脳とイメージ

脳は現実とイメージの区別がつきません。

ありありとイメージした内容を現実と錯覚し、それを実現させようとする特徴があります。そのため、イメージトレーニングは、夢や目標の達成に効果があるのです。

ここで実験してみましょう。

目を閉じて、フレッシュなレモンが目の前にあるのをイメージしてください。

そしてレモンを手に取ってガブリとかじってみてください。

きっとさわやかな酸っぱさとともに、唾液が出てきたという人もいるのではないでしょうか？

このように、私たちの脳はリアルにイメージすると、現実のことと錯覚して体まで変化を起こしてしまいます。

つまり、五感を使ってリアルにイメージすることで、脳を騙すのです。

このように、どのようなイメージをするかがとても重要なのです。
それであれば、プラスのイメージをするほうが良いですよね。
「～～になったらどうしよう」「～～になったら」とマイナスの言葉ばかり使っているとどうなるか想像できますよね。

だから、プラス言葉を使うのが大事なのです。

簡単なイメージトレーニングの方法は236ページでご紹介します。

POINT

数字を入れるとイメージしやすくなる

17

時間を割いて会に参加してもらった方への歓迎の言葉

○

ポジティブ・フレーズ

お越しいただき、とても嬉しいです。ワクワクして眠れませんでした

×

無難なフレーズ

今日はスミマセン

歓迎の気持ちはワンランク上げた嬉しい気持ちを入れて伝えると良いでしょう。もちろん、プラスの表情や姿勢も意識します。来訪がわかっている場合は、おもてなしで相手が笑顔になるような工夫をするのも良いでしょう。

誰にとっても、貴重なものは「時間」ではないでしょうか。

その時間を自分のために使ってくださるのは、本当にありがたいこと。

その相手に対して、感謝の気持ちとともに相手が時間をとって参加してくださることへのお礼の気持ちを伝えます。

もちろん、言葉だけでなく、その気持ちで伝えると自然に表情や姿勢も変わってきます。


また、来訪者の好みを事前に調べて、おもてなしをする場合、言葉だけでなく、相手に喜んでもらえるよう行動として表現できると、こちらの気持ちがさらに伝わるでしょう。

ポジティブ・フレーズとともに、どうしたら相手にプラスの感情になってもらえるかを考えてみましょう。


仕事で来社される方に、気持ち良くお仕事をしていただくために、お好きな食べ物や飲み物を準備することは多いと思います。

テレビ局でも、出演者の控え室には好みを事前に調べて、食べ物を用意して置いておくことがあります。

あるとき、出演者の方が果物がお好きということで、私が買い出しの担当になったことがありました。

当時の上司は、その方のお好きな苺の種類まで把握されていて驚いたことがありました。

同じ準備をするならば、出演者の方に控え室で心地良く過ごしてもらい、モチベーションを少しでも上げてもらえることで、良いパフォーマンスにもつながっていきます。

このように相手に関心を持ち、喜んでもらう工夫をすることは大切です。そのようなおもてなしがあると、きっと一気に気持ちが上がりますよね。

ある方は、準備したお弁当の包み紙に、「美味しいお弁当、ありがとうございました！」とお礼のメッセージを書いてくださっていました。
そんな心配りで、こちらもさらに嬉しくなったのを覚えています。

相手の気持ちをちょっとでも上げる工夫をすると、より良いコミュニケーションが生まれます。

これも「〇〇しなければならない」と義務からすると苦しくなってしまいます。
相手を喜ばせたいという気持ちからできると良いですね。
また相手に喜んでもらいたいという気持ち自体が、じつは自分にとってもプラス感情となって返ってきます。

POINT

嬉しい気持ちとともに、相手のプラス感情が高まることを考えてみましょう

18

職場やプライベートで相手から何かをいただいた

○ ポジティブ・フレーズ

お心遣いに感謝します。センスが良いですね〜

× 無難なフレーズ

ありがとうございます

お礼に加えて、肯定的なメッセージを工夫して伝えましょう。相手のセンスを褒めるのも良いし、いただきものへの嬉しい気持ちでも良いです。その場で開けられる場合は品物を確認して、そこに込められた気持ちを受け取り、喜びの気持ちをダイレクトに伝えましょう。

職場にお客様が来社されて。

お客様「心ばかりの品ですが、皆さんでどうぞ！」

自分「わあ、ありがとうございます。職場の皆が喜びます。ラッピングもとっても素敵ですね。いただくのが楽しみです」

旅行に行った友人からのお土産に対して。

友人「週末、旅行に行ってきたんだ。これお土産」

自分「開けてみてもいい？　わあ、素敵な色のポーチ。この色とっても好き。早速使わせてもらうね。本当にありがとう。嬉しいわ」

プレゼントをいただくと、やっぱり嬉しいものです。

誰かにプレゼントするときは、その人のことを思い浮かべ、相手の喜んだ顔を想像しながら選びませんか？

品物をいただいたときは、その品物だけでなく、どうやって選んでもらったのか、どんな気持ちが込められているのかまで思いを馳せると、より嬉しいものです。

あなたに届けられた品物は、相手の思いや時間も含めて受け止めて、感謝し、思い切り喜びを表現しましょう。


相手に喜んでもらえると、贈ったほうの喜びも格別です。


職場の差し入れで、わざわざ珍しいお菓子を購入していただいたり、職場で食べやすいような個包装で人数も考えていただいたりすると、配慮を感じます。

私には忘れられない、いただきものがあります。

消化器系の手術をして10日間ほど入院し、ようやく退院した日のこと。

友人が、わざわざお弁当をつくって自宅まで届けてくれました。

退院したばかりで、すぐに買い物にも行けず、食事もつくれないだろうという思いやり。お料理上手な友人ですが、体に優しい品々を時間をかけてつくってくれたことがわかりました。

メニューを考え、買い物に行き、調理をし、どんなに時間がかかったことでしょう。

本当にありがたくて涙がでました。心にも体にも優しく、これまでで一番美味しいお弁当でした。

心のこもったお弁当。これもプラスのメッセージがたくさんこもったプレゼントですね。

もし家族にお弁当をつくってもらっている人がいたら、感謝のプラス言葉を添えて、「おいしかった」とお礼を伝えるチャンスです。

POINT

相手の思いや費やされた時間を想像し、お心遣いへのお礼を伝えましょう

19 職場やプライベートで人を褒めるとき

○ ポジティブ・フレーズ

体調を崩したときに優しい言葉をかけていただき本当に嬉しかったです

× ありがちフレーズ

○○さん綺麗ですね

相手を褒めるときは、生まれながらのことより、本人の努力や特徴を活かした内容に目を向けます。センスや性格、仕事の仕方などを肯定的に伝えます。容姿そのものよりも、瞳の輝きや服の着こなしなど、その人の魅力が良いでしょう。

人に褒められて、嬉しくない人はいないでしょう。

私たちは、自分では人に褒められたい、認められたいと思いながら、人を褒めているでしょうか?

心の中で思っていても、言葉にして本人に伝えていないこともあるかもしれません。

褒めるのが照れ臭かったり、嘘っぽくとられないだろうかと思ったりしていませんか?

褒められると、相手の気持ちも自己肯定感も上がるので、遠慮せずに相手にあなたの気持ちを伝えましょう。

褒めるのは、その人が生まれながらに持っているものよりも、その人らしさや、その人の意思や努力で得たものが良いでしょう。

たとえば、「綺麗ですね」（職場では特に異性の容姿に関して褒めるのは、セクハラと捉えられる恐れがあるので注意してください）ではなく、

「つくってもらった資料が丁寧でわかりやすかったよ」

と、その人が時間を費やしたことに目を向けると相手は嬉しいものです。

「メモの字が読みやすく、綺麗な文字ですね」

も、嬉しい内容ではないでしょうか。

ただし、職場などで大勢の前で一人だけを褒めるときは、周りがどう受け止めるかにも配慮しましょう。「あの人ばかり褒めて」ということにもなるので、その点は気配りが必要です。二人になったときに、さりげなく伝えるのも良いですね。

人は自分の良い点を認めて、褒めてくれた人に対して好意を持つものです。

より良いコミュニケーションを築くためにも、相手の気持ちが明るくなるようなメッセージで褒めるのは良い潤滑油となります。

しかし、これも上辺だけではダメです。口先だけだと、逆効果にもなるので気をつけてくださいね。

そして、褒めるときに、上から目線にはならないようにしましょう。

たとえば、「資料、うまくできてたね」や「文字、上手になったね」などは、少し表現を間違えると、評価されているようで、上から目線と思われてしまいます。

あきらかに役職や年齢が離れていたり、スキルが違うのが相手にはっきりわかっている場合は別ですが、気をつけましょう。

褒めるというより、「感心する」という気持ちがわかりやすいかもしれません。

「すごいですね〜」「素晴らしい」「さすが〜」と思えるようなポイントに目を向けて気持ちを本人に伝えると良いですね。

POINT

相手の気持ちが明るくなることを、たくさん褒めましょう

20

仕事を依頼した相手にお礼を伝える

○

ポジティブ・フレーズ

○○さんのお仕事は丁寧で、本当に助かりました。さすがプロのお仕事ですね

×

無難なフレーズ

良かったです

脳は主語がわかりません。相手を褒めているときの言葉も、主語がわからないまま受け止めます。ですから、相手を褒めることは自分にもプラスの効果があるのです。相手の良いところを伝えるのは、自分にとっても自己肯定感が上がることにつながります。

何かしてもらったときに、お礼とともに、どんなに助かったのか、相手への具体的な感謝を言葉にしてみましょう。仕事を進めていくうえでの良かった点、どんな良い影響があったかなど、相手にしてもらった良いところを伝えます。

相手を褒めることは、じつは自分を褒めることにもつながっています。

というのも、脳は主語がわかりません。ですから、相手に感謝して、相手の良いところを褒めているのを聞きながら、自分のこととして受け止めているのです。

同様に、人の悪いところばかりに目が行き不満を言ったり、悪口を言ったりすると、それも、主語がわからないまま脳が聞いています。

脳は自分で聞いた言葉をそのままイメージするので、結果として自分を不快にしていることになります。

職場に、とっても感情表現が上手な人がいます。

「わ〜、ありがとうございます」「本当に嬉しいです」というように、ストレートに感情が伝わるような表現をします。もちろん、笑顔で声のトーンも明るく。その言葉を聞くだけで、こちらまで喜んでもらって良かったと、晴れやかな気持ちになります。

仕事の場面だからといって、自分の言葉ではない「かしこまった言葉」を使う必要は、ありません。シンプルな言葉の中にも、自分らしい言葉で嬉しい気持ちを込めて、お礼を伝えてください。

POINT

素晴らしいと思ったポイントを、
ポジティブに伝えましょう

21

職場やプライベートで褒められたときの返事

○

ポジティブ・フレーズ

嬉しいお言葉、ありがとうございます。そう言ってもらえるなんて最高に幸せです

×

つい口グセフレーズ

そんなことありません

褒められたとき、つい謙遜して「いえいえ」「そんなことないです」などと言いがちですが、褒め言葉は、素直に全部受け止めて、嬉しい気持ちを笑顔で伝えましょう。せっかくの相手からのプラスのメッセージを自分で否定してはもったいないことです。

人に認めてほしいという気持ちは誰もが持っています。

しかし、いざ褒められる場面になると、恥ずかしくなってどうして良いのかわからない人も多いのではないでしょうか？

同僚「今日の服、とって素敵ですね。センスいいですね～」
自分「いえいえ、安物ですよ～。ペラペラだし」
後輩「今日の会議での説明、とってわかりやすかったです。さすがですね」
自分「うそ～、緊張してボロボロでしたよ」

かくいう私も、褒められると、居心地が悪くなるような感じがして、

「またまた～、全然そんなことありませんよ～」

と冗談っぽく返していました。

褒めてくれた人に対して失礼なことをしたなと、今は思います。

日本では、自分のことを謙遜したり、自分の身内のことを謙遜し卑下したりする傾向があります。

おくゆかしい文化でもあるのですが、これは十分な注意と配慮が必要です。

自己アピールが強すぎるのも、聞いていてしんどい場合もありますが、謙遜しすぎも同様です。

愚妻、愚息、愚妹などの言葉も、脳科学的にはNGです。

自分にとっても、相手にとっても、否定的な言葉を口にするのは脳が聞いているのでマイナスの影響があります。

前にお話ししたように、脳は主語がわからないからです。

私にも苦い思い出があります。

子どもの頃、母と一緒に誰かに会うような場面では「うちの子は食べ物の好き嫌いも多くて、内弁慶で～」というように、いつも否定的なことばかり言われて、とても恥ずかしく、悲しく嫌な気持ちになったのを覚えています。

今思い返すと、相手から娘である私のことを褒められた後の言葉だった気がします。

当時は、「謙遜する」ということもわかりませんから、否定的なことを言われて母は私のことをそう思っているのだと、受け取っていました。

特に小さい子どもは、言葉通りに受け止めますので、その後のフォローが必要です。

「さっきは、ああやって言ったけど、本心ではないからね。外ではそうやって自慢にならないように言ってるだけだからね」

というようなフォローの言葉があったら違っていたかもしれません。

また、ネガティブなことを言われるのを聞いて、「私はそうなんだ〜」と否定的な自己イメージを持ってしまう悪影響もあります。

謙遜を通り越して、卑下するようなことは特に気をつけましょう。

家族のことを話すときも「身内が言うのもなんですが、優しい妹なんですよ」と言われたら嫌な気持ちにはなりません。

褒めるのが恥ずかしくて、照れ隠しで悪く言ってしまうこともあるでしょうが、もしそうだとするならこれからはちょっと勇気を出して変えましょう。

もちろん、自分を謙遜するあまり卑下することもやめましょう。

褒められたら、遠慮なく素直に受け止めて、嬉しい気持ちを伝えるのを心がけてくださいね。

「わあ、嬉しいお言葉ありがとうございます。言葉通り素直に受け止めま〜す！」と言ってしまいましょう。

なかには、「ん？　何て言った？　もう一回言って」と、もう一度褒め言葉を言ってもらう強者もいますよ。

POINT

褒め言葉は素直に受け止めて、
嬉しい気持ちを伝えましょう

長所と短所は表裏一体　プラス面を見よう

ありきたり	→	定番
理屈っぽい	→	ロジカル、論理的
優柔不断	→	思慮深い
計画性がない	→	直感と行動力がある
落ち着きがない	→	アクティブ
頑固	→	意志が強い
騒がしい	→	元気がある
古くさい	→	伝統を大切にする
気分屋	→	気持ちの切り替えが早い
すぐ泣く	→	感情表現が豊か
せっかち	→	スピード感がある
一人で判断する	→	決断力がある
細かい	→	よく気がつく
がさつ	→	大らか
空気が読めない	→	自分の感覚を大事にする
しつこい	→	ねばり強い

自分がマイナスと捉えているところを褒めてもらえると、とても嬉しいものです。
相手に対しても同じです。他にもぜひ考えてみてくださいね。

22

職場やプライベートで相手が何かをやり遂げたとき

○ ポジティブ・フレーズ

素晴らしいです。感動しました。○○さんにしかできないことです

× 無難なフレーズ

お疲れさまでした

相手が時間をかけて達成したことに対して敬意を払いましょう。達成したことで、どんな変化や影響がありましたか？　プラスの視点で見つけて、さらに相手の気持ちが上がるようなメッセージを伝えます。特に自分の感情を入れると相手にも響きます。

長年の夢だったお店を始めた友人に。

「開店おめでとう！　夢だったお店をオープンさせて、本当にすごいね。よく頑張ったね。素敵なお店ね～。ぜひ友人にも紹介したいわ」

資格試験に合格した同僚に。

「合格おめでとう！　素晴らしい。仕事をしながら資格試験の勉強大変だったよね。○○さんだからできることだね。本当に尊敬するわ」

目標の売り上げを達成した同僚に。

「おめでとう。なかなかできない目標なのにクリアできてすごい。これまでの努力が実ったんだね」

「良かったね。私も嬉しい！　○○さんの頑張りを見ていると、私も元気をもらえるわ。ありがとう」

等々、「お疲れさま」ももちろん良いのですが、相手が何かをやり遂げたようなときには、一緒になって喜びましょう。

応援していた友人の夢や目標が叶ったときは、自分のことのように嬉しく喜びましょう。

なかには努力して夢や目標をやっと叶えた人に対して、冷ややかな言葉をかけたり、シニカルな批評家になったりする人がいます。

冷静な分析や評価が必要な場合もあるかもしれませんが、友人であれば何かをやり遂げた人には、ねぎらいの言葉をかけ、一緒になってその達成を喜び感想を伝えましょう。

結果だけではなく、それまでのプロセスも含めて讃《たた》えたいものです。

相手は、どんな気持ちでいるでしょうか？

達成感、満足感、充実感、どんな気持ちなのかと、ぜひ想像してください。
その感想を伝えると相手は自分を理解された気持ちになり、喜びもひとしおではないでしょうか？

言葉がけによって、相手の気持ちが明るく、さらに前向きになるような言葉を伝えたいものです。

さらにそのプラス言葉によって自分の脳も開き、プラスの影響へとなっていきます。

POINT

相手の喜びに共感し、これまでのプロセスも讃えましょう

第4章

難しい案件もこれでOK!
「お願いごと」を心よく
やってもらえる言いかえ方

あなたは相手に何かを頼むのは得意ですか？


人に何かをお願いするのは、案外苦手という人も多いのではないでしょうか？

自己肯定感の低い人ほど、お願いするのが嫌ということもあるかもしれません。

それは、お願いすることが、相手に断られるという可能性もあり、断られることを考えると頼めなくなってしまうからです。


しかし、引き受けるのも、断るのも相手が最終的には判断することです。

断られても、お願いした「あなた」を否定するのではないので、それを取り違えないようにしましょう。

反対にお願いするのをあまり躊躇なくできる人もいます。「お願いするだけしてみよう」と、軽い気持ちでお願いするので、ハードルが低いのです。

そこで、できるだけ引き受けてもらえるように、工夫して伝えることも大切です。

何をお願いしたいのかが、具体的で明確に伝わるほうが、相手も判断しやすく引き受けてもらいやすくなるでしょう。依頼の内容に関して、互いに齟齬がないようにすることで、引き受けてもらえるにしても、断られるにしても、その後も良い関係が保てます。

引き受けてもらいたいあまりに、内容をオブラートに包むようにあいまいにしたり、実際より簡単であると言ったりすると、後でトラブルとなります。

そして、なぜお願いしたいのか、相手の感情に働きかけましょう。

その人にお願いする理由はなんでしょうか。そして、引き受けてもらえたら、どんなに嬉しく助かるかを伝えます。

これも、テクニックではなく、「気持ち」が大切です。

感情を動かされると、モチベーションも上がり、相手もやる気になって引き受けてもらえます。本気は相手の心を動かすのです。

次項からはこれらの具体的な方法についてご紹介していきます。

23
職場やプライベートで相手に何かを依頼するとき

○

ポジティブ・フレーズ

サンプルを拝見して、ぜひお願いしたいと思いました。引き受けていただけるととても嬉しいです

×

無難なフレーズ

ぜひ、お願いしたいです

これまでの相手の実績をもとに依頼する場合は、相手も評価されたことで、モチベーションが上がることが期待できます。また、引き受けてもらえたら自分にどんなプラスがあるのか、特にプラスの感情に焦点を当てて伝えます。

たとえば商品のパンフレットを制作する会社を選択するときに、あなたならどのような基準でお願いする会社を決定しますか？

初めての会社に仕事を依頼する場合、どんなお願いをするでしょうか？

番組宣伝の仕事をしていたときに、あるクリエイターの方と出会いました。

彼の仕事の作品集を見せてもらったのですが、その作品が素晴らしくて魅了され、ぜひ一緒に仕事をしたいと思い、そのことを伝えました。

しかし、そのときは彼の所属していた会社と、費用面で折り合いがつかない状態で、仕事を頼むことは叶いませんでした。

残念でしたが、いつか一緒に仕事ができたら嬉しい。もし一緒に仕事ができるような状況になったら教えてほしいとお願いしました。

それから数年たった頃、彼から独立したと連絡をもらったのです。

私は早速仕事を依頼しました。

しかし、当時担当していた番組宣伝の予算は少なく、やはり費用面で厳しい条件。そこをなんとか調整して、彼は引き受けてくれました。

こうして一緒に仕事をしたいという念願が叶ったのです。

私が彼の作品をとても気に入っていて、ぜひ一緒に仕事をしたいという熱い思いが伝わったのだと思っています。

その後も大事な仕事を、信頼できる彼と一緒にできました。

依頼するときには、誠意を持ってお願いしていましたし、できること、できないこともはじめに伝えました。

彼にとって、チャレンジできる面白い部分を感じてもらえたのだと思います。費用面もなんとか調整して、いつも快く引き受けてくださいました。

何より彼のチームと仕事をするのがとても楽しかったのです。

楽しいというプラスの感情で仕事をするので、良い成果も出ます。

数々の良いお仕事をしていただき、本当に感謝しています。

お願いごとの場合は、言葉以外のノンバーバルのコミュニケーションが、さらに重要となります。

声のトーン、表情、姿勢なども、言葉とともにメッセージを発信しているので特に意識しましょう。

POINT

相手の実績から依頼したい理由をプラスメッセージで伝えます

24
職場やプライベートで難しいお願いをするとき

○ ポジティブ・フレーズ

誰にでもできることではありません。お願いできると、とても心強いです。お力添えをお願いします

× 無難なフレーズ

やっていただけますか？

難しい状況であるのはわかっていること、それができるのはあなたしかいないと伝えてみましょう。相手も粋に感じて、ひと肌脱いで協力しようと思ってもらえるのではないでしょうか？　頼まれた相手のモチベーションも上がります。

時間的に間に合わせるのが厳しく、切羽詰まり困った状況のとき、あなたはどんな人に頼みますか？

すでに信頼関係ができていて、この人だったら引き受けてもらえる相手に頼むケースが多いのではないでしょうか。

この人ならできると「信じている」からお願いする。その気持ちを率直に伝えます。

ぜひ力を貸してくださいと言ってみましょう。

このような場合は、素直にこちらの状態を話すことも大切です。

相手にとっても初めてのことで、ハードルが高い内容であれば、できる限りのフォローをすることも必要でしょう。

困った状態で、あまり関係ができていない人に頼む場合は、その依頼の目的や、引き受けてもらったらどうなるかなど、理解してもらえるように丁寧な説明が必要です。

そのうえで、相手にとってどんなメリットのある仕事になるかを、考えてもらいましょう。

大切なのはひと肌脱ごうとやる気を出して、快く引き受けてもらえるようにお願いする。しかし、決して無理強いはしない。

関係が悪くなってしまいますし、良い成果にもつながりません。

あくまで、最終判断をするのは相手です。

宣伝の仕事をしているときに、皆で宣伝イベントを考えて実施していました。

初めて試みる面白いアイデアは、実現させるのにハードルが高いことが多いものです。課題も多く、時間もお金もギリギリ。

そんなとき、いつも大変さを面白がって助けてくれる心強い取引先のスタッフがいました。

「これは、○○さんでないとできない仕事。どうかお願いします」と懇願していました。

ハードルの高いことを、楽しんでワクワクしてやってくれる最高の助っ人です。

難しい仕事を一緒に苦労して乗り越えると、仲間意識も強くなり、絆が生まれるように感じます。

そして、苦しい仕事をともにした仲間は、仕事を超えて一生の友になります。

他にも、

「これは簡単なことでないのはわかっています。できるのは〇〇さんしかいないと考えてお願いします（〇〇さんなら、できると私は思っています）」

という言いかえもありますので、こういった場面のときに使ってください。

POINT

難しい状況でも
「どうか力を貸してください」と率直に

25

お願いごとを断られた場合

○

ポジティブ・フレーズ

お話できて感謝しています。ご縁がありましたら、またよろしくお願いします

×

無難なフレーズ

そうなんですね……残念です

お願いごとを断るほうも辛いものです。検討してもらえたことや時間をとってもらえたことに、まず感謝しましょう。特に相手が熟考しての返事であれば、潔く受け止め、断られたことに腹を立てたりせず、次につながるよう気持ち良く交渉を終えましょう。

何事も相手があってのことですので、こちらの思うようにいかないこともあります。

お願いごとも同じです。

懸命に熱意を伝えてお願いしても、さまざまな理由から断られることもありますが、自分を否定され、拒否されたように受け取る必要はありません。

それを混同しないようにしましょう。

断られたことによって関係性まで崩すケースを、ときどき目にしたこともあります。

断るほうも辛いものです。その気持ちを察して、受け止めましょう。

もちろん、粘って、「もう一度なんとか検討してください」とお願いする場合もあるかもしれません。

私も、報道の仕事をしていた頃、取材のお願いをするときに、「すっぽんの片山」

と言われるくらい、粘って相手を説得した経験もあります。

難しい取材の場合は、一度で取材の許可をもらえることはないのですが、若くて必死でした。

しかし、断られた際の引き際も肝心です。

あまりにしつこくすると、それまで築いてきた人間関係まで悪くなってしまいます。

相手の表情や声のトーンなどからのメッセージも受け止めて、引き際は見極めましょう。

そして、お願いする機会を与えてもらえたこと、検討してくださったことに感謝してお礼を伝えましょう。

脳は最後を記憶する特徴があることを覚えていますか？

ここでも**どんな終わり方をするかが重要**です。

「断られた」ことにショックを受けたり、腹を立てたりして、マイナス感情にゆさぶられないように気をつけましょう。

お互いにマイナス感情の記憶にしないようにするのが大切です。

「またご縁がありますように。これからもよろしくお願いします」と気持ち良く、交渉を終える。

最後のプラスの印象が、次につながります。

POINT

断られた場合も感謝を伝え、
次につながるように引き際も気持ち良く

26

職場やプライベートで大事な用事を代わりにお願いするとき

○ ポジティブ・フレーズ

大事な取引先なので○○さん行ってもらえると安心なのだけど、お願いできますか？

× 心のままフレーズ

ごめん！　代理で行ってもらえないかなあ

「大事な用事をお願いできる相手はそう簡単にいなくて、だから○○さんにお願いしたい」と頼まれると、相手も気持ち良く引き受けられるのではないでしょうか？　そして、役に立ちたいと思い相手のモチベーションも高くなることでしょう。

「誰かの代わりに」と頼まれるのは、ちょっとハードルが高いものです。

それも大事なことであれば、なおさらでしょう。

頼んだ人（依頼した人）のようにうまくできるか、比べられるのではないか、など不安な気持ちも出てきて、通常のお願いごとより引き受けるのに勇気がいります。

そこを理解して「○○さんだから、安心してお願いできる」ということを、伝えましょう。


代理として行く場所は、引き受けた人にとってあまり居心地の良いものではありません。

できればそのフォローもしておくと、頼まれた人も動きやすくなります。


会議であれば代理出席を依頼することを、会議の主催者や他の出席者にあらかじめ伝えておきましょう。

代わりに出向いてもらう場合は、その旨を先方に連絡する配慮があると引き受けたほうもやりやすいです。

また、「急なお願い」をするときも、

「前回での会議のアイデアがとっても良かったので、急なんだけど午後の企画会議にぜひ出てほしいのです」

というように、信頼していることを気持ちにして伝えることが必要です。

代わりに行ってもらったときは、報告を受けた後で、ねぎらいの言葉をかけましょう。

代理の仕事は本当にハードルが高いものです。

あなたの代わりに、時間と労力を割いて引き受けてくれたのですから、助かったという気持ちとともに、お礼を伝えてください。

POINT

代理の仕事は想像以上にハードルが高いのでねぎらいの言葉を

27

職場やプライベートで大事なことをお願いするとき

○ ポジティブ・フレーズ

集約する必要があるので、お返事は明日の18時までにお願いします

× あいまいなフレーズ

お返事は早めにお願いします

「早め」は個人によって感覚が違います。はじめに具体的に伝えておくととトラブルになりません。「しっかりやってください」の「しっかり」も、あいまいな言葉です。数字で伝えられるものは、数字を入れましょう。締切や金額なども明確にしておくと関係がこじれません。

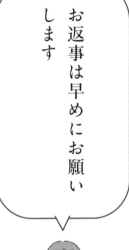

上司「取引先に訪問するアポイントを取ってもらえましたか？」
部下「え？　まだやっていません。明日連絡しようと思ってました」
上司「できるだけ早く伺いたかったんだけど……」
上司「アンケートに回答してとお願いしてたんだけど」
部下「……急ぐんですか？」
上司「集約しないといけないから、困るんだよね」

これでは、求められているタイミングがわからないですよね。

お願いごとでトラブルになるのが、お互いの理解に差があるときです。良い関係でスタートしたことも、残念な結果になってしまいます。

最初の段階で確認しておけば、このようなトラブルを避けることができます。
特に、お願いするときは、引き受けてほしいあまりに、言いづらいことを避ける人もいるかもしれません。

これは逆です。**言いづらいこと、ハードな条件こそ、合意できるかどうかの大事なポイントですので、先に言っておきましょう。**

特にお金のことや、期限などは、わかりやすく示します。


職場のメールで多いのが、「早めに返信をお願いします」と書いてある場合。「早く」は人によって、本当に受け止め方が違います。1時間以内、2〜3時間以内、今日中、明日の午前中、来週でも良いと受け止める人もいるでしょう。

職場で複数の人からの返信を求める場合は、必ず何日の何時までと時間まで決めておいたほうがスムーズです。


職場で「返事をください」とあり、すぐに返事をしなければ催促する方がいました。

急かすほうも、急がされるほうも気を遣うので、はっきりしておくほうが良いですね。

ただ、このようなタイプの方は、なんでも〝速く〟に価値を感じるので、他のことでもすぐに対応が必要というのがわかりました。

さすがに、一人ひとりのタイプを把握することはできないので、はじめに数字ではっきり伝えましょう。

あいまいな言い方は、ソフトなニュアンスになり、やわらかな印象になりますが、お願いごとの場合は要注意です。

脳の観点からも見ても、脳は数字がよく理解できるので、行動に移すのもスムーズです。

POINT

あいまいな言葉はトラブルの元になります

28

職場やプライベートでお願いを引き受けてもらったとき

○ ポジティブ・フレーズ

一緒に仕事ができて嬉しいです。ありがとうございます

× 無難なフレーズ

引き受けていただきありがとうございます

「ありがとうございます」に加えて、「とても嬉しいです」や「期待しています」など、相手が引き受けてくれたことに対して、感想や喜びのメッセージを加えると、相手のやる気もアップします。人は肯定されるとモチベーションが上がります。

お願いごとを引き受けてもらったときは、「ありがとうございます」だけではなく、もうひと言のプラスのメッセージを伝えてください。

相手の気持ちが上がり、やる気が出るような肯定的なメッセージです。

「あなた」に引き受けてもらえて、どんな気持ちがしているでしょうか。

「一緒に仕事ができるのが、今から楽しみです」

「あなたにお願いできたので、安心してお任せできます」

など、素直なひと言で、相手も引き受けて良かった、期待に添えるように力を出そうとモチベーションが上がります。

また、相手の自己肯定感も高めます。

熱心にお願いをされ仕事を引き受けた後に、相手から「ありがとうございます」と、あっさりと返されるということがあります。

「ありがとう」のひと言だけではなく、このときこそ、ポジティブ言葉で感謝のメッセージを伝えることが大切です。

何も大袈裟なことを伝える必要はありません。表情や声のトーンからも自然に気持ちは伝わるものです。

お願いごとを引き受けてもらえた後は、信頼関係をさらに深めるチャンスです。

お願いするときとその後のお礼の熱量のバランスが悪いと、信頼が崩れることもあるので気をつけましょう。

POINT

お願いを引き受けてもらえたときは、
感謝の言葉を忘れずに

29 無理なお願いを引き受けてくれた相手に

○ ポジティブ・フレーズ

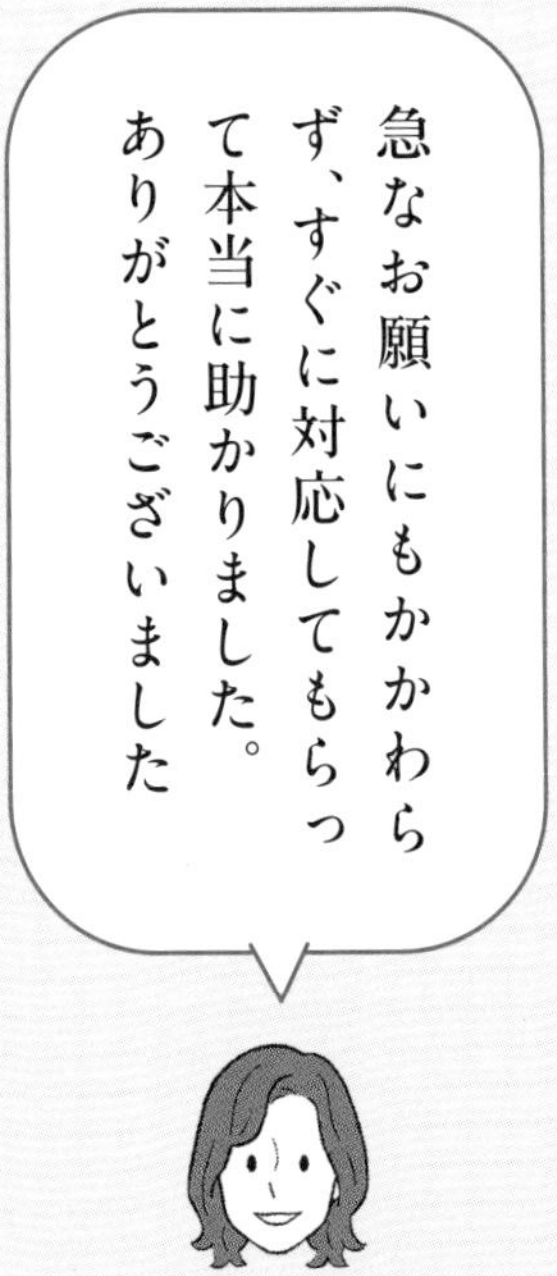
急なお願いにもかかわらず、すぐに対応してもらって本当に助かりました。ありがとうございました

× ありがちフレーズ

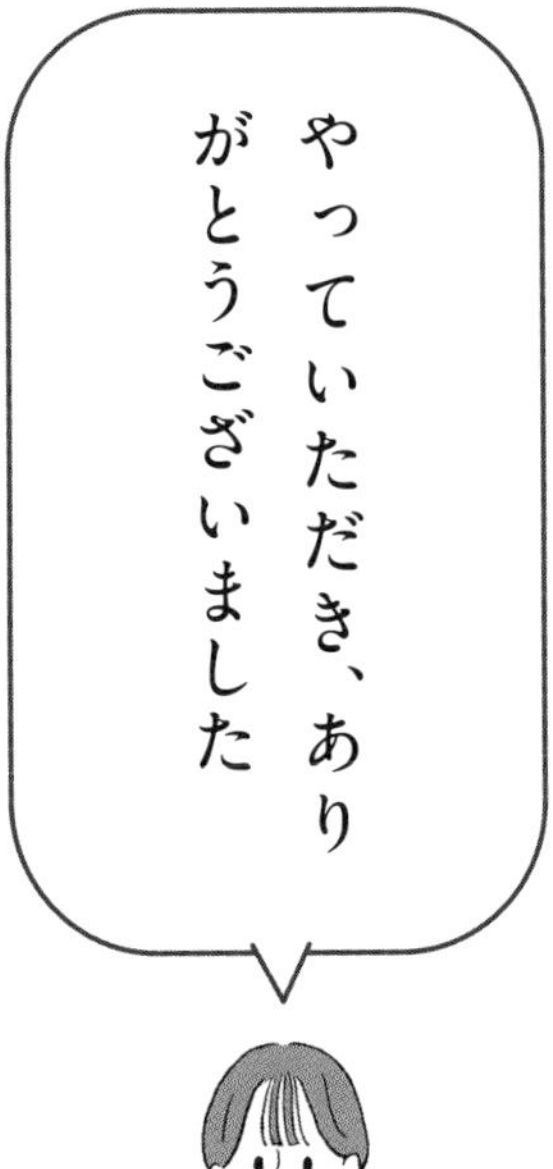
やっていただき、ありがとうございました

相手が無理をしてお願いをきいてくれたときは、そのことを理解していて、とても感謝している思いを伝えます。通常以上に相手の立場に立って、想像することが大切です。それが伝わった瞬間、強い信頼が生まれます。

感謝の気持ちの表し方について、さらに話をつづけましょう。

宣伝の仕事をしているとき、時間のない中で急な仕事をお願いする場面がありました。

困ったときに助けてもらった方も何人もいます。

こちらの事情をよく理解してくださって、力を貸してくださる頼りになる存在で、これまで何度も助けてもらいました。

もちろん、仕事としてお願いして費用もお支払いするのですが、それだけで動いてもらっているとは思えないほど、親身になってくださいます。

仕事が終わったときに、どんなに助けられたか伝えたつもりですが、もっとプラス言葉で伝えれば良かったと、今でもありがたい気持ちが溢れてきます。

その方に、なかなか同じようにお返しすることは難しいですが、何かあれば、力になる気持ちでお付き合いしています。

困ったときに助けられた方ほど、感謝を伝えることで、深い信頼関係ができると経験から感じています。

また誰かが困っているときに何かを頼まれたら、できることは最善を尽くして協力すると、新たな良い関係が生まれます。

ビジネスの場合では、それが当たり前ではあるのですが、それでもひと言プラスのメッセージの感想を加えたいものです。

「やって良かった」と双方が達成感を感じることができます。

その経験がプラスの感情とともに記憶されるので、次にあなたが依頼するときにもプラス感情がよみがえって、相手も引き受けようと思ってくれることでしょう。

自分の言葉でかまわないので、相手への感謝を込めて気持ちを伝えることを大切にしてください。

POINT

どんな無理を聞いてくれたのか理解していることを伝えましょう

30

お願いした後の感謝のひと言

○ ポジティブ・フレーズ

○○さんから会議での発言、とっても良かったと聞きました

× 無難なフレーズ

会議、お疲れさまでした

第三者からの好評価を伝えられると、相手の達成感も増し、自己肯定感も上がります。「私」からの言葉だけではなく、第三者の客観的な言葉は、さらに嬉しいものです。また好評価をした第三者との関係を良くする効果もあります。

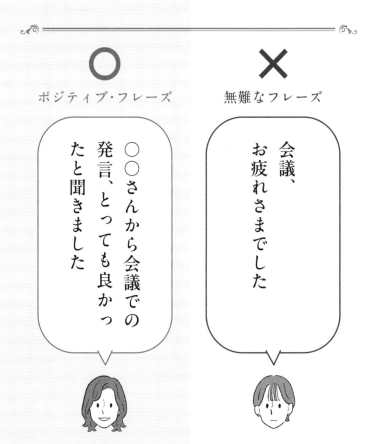

人を褒めるときに、直接ではなくその人がいないところで褒めると良いと聞いたことはありませんか？
その話がいつか本人に届いたときに、喜びが倍になる——。
それと同じように、お礼を伝える場合も、第三者からの好意的な感想を聞いたら積極的に伝えましょう。

依頼者である「私」からの感想よりも、さらに信憑性があり、相手の自己肯定感も上がり、自信にもつながります。

特に、褒め言葉を伝えるのが、ちょっと照れくさい相手の場合も、他の人の言葉を借りて言うと、すんなりと伝えられますね。

以前担当していた番組のプロデューサーは、とても照れ屋で、いつもからかわれるような軽い会話しかしていませんでした。
あるとき私が担当した仕事のことを、「○○さんが、褒めとったで」と言われたことがあります。

意外な言葉にとても嬉しかったのを覚えています。

私も、ある会議の資料を部員が丁寧につくってくれて、それが会議でわかりやすいと評判が良く、出席者からその資料をほしいと言われたことがありました。

そのときは、資料をつくってくれた担当者に、すぐにそのことを伝えてお礼を言いました。

このように、直接でなくても何か良いなと思ったら、それを周りと常に共有することも意味がありますね。

POINT

お礼に加えて、第三者からの好評価を伝えることもできます

第5章

NOを言っても次につながる!

後でしこりが残らない言いかえ方

何か頼まれたり、誘いを受けたりしたときに、断るのが苦手という人も多いかもしれません。

せっかく声をかけてもらったのに、断ると嫌われるのではないかと思う人もいるでしょう。

また、相手を傷つけては申し訳ないと思う人もいるでしょう。

しかし、何かの要件に関して断ることは、その内容とその時間に関して、お断りをするので、すべてを断っているわけではありません。

まして、相手を否定するものでもありません。

申し訳ないからと、返事を延ばし延ばしにして、結局直前に断るほうが相手に失礼になってしまいます。

また、かなり無理をして「〜ねばならない」義務感から参加しても、本当に楽しめますか？ 相手に喜んでもらえるでしょうか？

最近は、何かのお誘いも、リアルだけでなくリアルが無理ならオンラインやアーカイブもあるなど、お誘いも多様になってきています。

断り切れなくて全部に良い返事をしてしまうと、時間もお金も足りなくなってしまいます。

自分にとって何が必要なのか、何を優先したら良いのか問いかけてみましょう。

すべてに「Yes」とは言えません。

たとえ断ったとしても、その後の良い関係を続けられるように気持ち良く断りましょう。

また、その件に関して断ったからといって、その後の関係が終わるわけでもありません。

周りと率直なお付き合いができる、気持ちの良い関係を持ちたいものです。

31

職場で的を射ない意見や否定的な意見をされた場合

○

ポジティブ・フレーズ

ご意見をいただき、ありがとうございます。参考にさせていただきます

×

ネガティブ・フレーズ

それはちょっと違うと思います

議論する必要のない相手が、内容をあまり理解せずに意見するような場合もあります。こんなときは、相手が何かを伝えたいと思っていると、好意的に受け止めましょう。肯定的に対応すると、その後の関係性を保つこともできます。

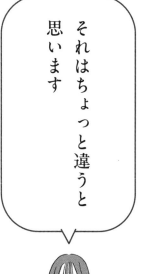

長い時間をかけて交渉した末に、ある案件が取りやめになり、その報告を社内の各部署が出席する会議で、その報告を行う場面を想像してください。

その後、他の部署の人から、

「いやぁ、さっきの件なんだけど、もっと粘ってみたら?」

と言われたらどうでしょうか?

仕事の場面でたまにある状況ではないでしょうか?

「これまでどれだけ考えて交渉してきたか知らないのに、そんなこと軽く言わないでください」

と思わず言いたくなるかもしれません。

そのことに、エネルギーを注いできていればなおさらですよね。

あまり詳しく状況を把握していない人からの意見は、内容がわかっていないので、ピントがずれているようなことがあります。

その場合は、この件に関してどのような関係性の人かによって対応は変わります。

もし、今後もその業務に関わりのある人であれば、「もう少し、この件に関して状況を説明させていただいて良いでしょうか」というように、正確に理解してもらえるような説明が必要です。

しかし、そうではない場合も多々あります。

そのとき、相手の意見をあえて否定して議論する必要はあるでしょうか？

もし、そこまで業務に深い関わりのない人であれば、「意見を言ってくれた」行為を肯定的に受け止めましょう。

そして、**お礼を伝え、意見に関しては「気にかけていただき、ありがとうございます。できるだけのことはやってきたのですが。今後の参考にさせていただきます」と肯定のメッセージで対応してはどうでしょうか。**

意見の内容に関しては肯定も否定もせず、意見を言ってくれたことを肯定的に受け止めるのですから関係性も悪くならず、相手もマイナスの気持ちになりません。

しかし今後業務に関係がある相手から、内容に関して意見をされたり、否定されたときは、まず時間をかけて丁寧に説明します。

そのうえで対立する点に関して議論する場合も、冷静に話をしましょう。

ケースバイケースですが、否定的な意見は、感情的にならず受け止めることも大事です。

大切なのは、むやみにマイナスの感情に振り回されないことです。

POINT

相手の好意と受け止めて
肯定のメッセージで対応しましょう

32

職場やプライベートの場面で依頼を断るときやNOを言うとき

○ ポジティブ・フレーズ

大変心苦しいのですが、今回はお引き受けできません。申し訳ありません

× ネガティブ・フレーズ

できません

本当は断りなくないという気持ちを伝えます。具体的に引き受けられる条件などがあれば、それを伝えることで、相手が次回、頼みやすくなります。断る理由を言うかどうかは、相手が不快な思いをするか否かで判断しましょう。

取引先　「来月の10日までに、この仕事お願いできますか?」
自分　「いやあ、申し訳ありません。今、仕事が立て込んでいて難しいです。もう1週間、納期を待ってもらえるとなんとかできるんですが」

依頼された内容を、本当は受けたい気持ちがあるのに、いろいろな条件や状況が合わずに断らざるを得ない場合もあります。

たとえば、「締め切りを、〇日まで延ばしていただくことはできないでしょうか?それであればお引き受けできるのですが」というように、条件がクリアできれば、引き受けられた理由を説明できる場合は、それを率直に伝えてみましょう。

繰り返しになりますが、脳は最後の言葉を記憶するので、最後に「〇〇であればお引き受けできるのですが」というような、具体的に引き受けられる条件を提示すると、前向きな印象が残ります。

以前、こんなことがありました。

ある仕事を依頼して引き受けてもらっていたのですが、何日もたってから断りの連絡があったのです。

こちらは、すっかりアテにしていたので、びっくりしました。

理由を尋ねると、後から大きな仕事が入ったので、こちらの仕事を断りたいとのこと。

「エッ」と次の言葉が出ませんでした。

本来は、仕事の大小にかかわらず、先約が優先されると私は考えています。

ただ、いろいろな事情で一旦引き受けた約束を、断わらざるを得ない場合もあるかもしれません。

コミュニケーションで大事なのは、率直さや誠実さですが、すべて本当のことを言えば良いとも限りません。

断る理由を伝えて相手がどう思うか想像してみましょう。

場合によっては、理由を伝えないほうが良いこともあります。

もちろん、相手がたとえ不快に思っても伝えなければならないときもあります。状況を見て、判断しましょう。

POINT

本当は引き受けたい気持ちを伝え、次につながる提示をしましょう

33

職場やプライベートで目上の方からの依頼を断るとき

○

ポジティブ・フレーズ

ご期待に添えず、申し訳ありません

×

無難なフレーズ

引き受けるのは難しいです

「期待」という言葉には否定的なイメージがありません。プラスの印象を持つ言葉を使って、柔らかい印象で断ることができます。断わられると自分を否定されたように感じる人もいます。その後の関係に影響ができないような断り方を意識しましょう。

上司　「○○さん、次のプロジェクトのまとめ役をお願いします」
部下　「エ～。私ですか？　無理です。お断りします」

前にお伝えしたように、「脳は最初に耳にした言葉をイメージする」特徴がありま す。

ですから、できるだけ否定形ではなく、肯定形で話すほうが、ストレートに理解されるのです。

しかし、**断る場面では、あえて最初にプラスの印象の言葉を使って、それを否定形にすることで、印象がやわらかくなります。**

「ご期待に添えず」という言葉を聞いてどんな印象を抱きますか？
「期待」という言葉はポジティブに捉える人が多いと思います。
「無理です。できません」と言われるのと、違いを感じませんか？

本来は、「断る」と言っても、その件に関しての判断なのですが、その伝え方に

よっても相手の受け止め方が変わってきます。

なかには、断られると何か自分を否定されたように捉える人もいるので、気をつけましょう。

また他の言いかえでは、

「良いお返事ができず、大変申し訳ありません」

という言い方もできます。

ここまでお読みの方ならもうおわかりですね。

脳ははじめに聞いた言葉をイメージするので、あえて良い印象の言葉を前につけて否定語にして使いましょう。

POINT

良い印象の言葉を前につけて否定語を使うと効果的

34

職場で上司からの誘いを断る場面

○

ポジティブ・フレーズ

あいにくこの日は予定があるのです。またお声がけいただけると嬉しいです

×

ネガティブ・フレーズ

行けません

断るときも、言葉以上に、ノンバーバルのメッセージが大切です。「残念な気持ち」とともに断ります。そして誘ってもらったことに感謝の気持ち伝えましょう。できれば次につながるような言葉を伝えるとさらに良いでしょう。

ひと昔前は、上司や先輩からの誘いは〝マスト〟で、断るという選択肢はないというような時代もありました。

今はプラスベートの時間を大事にする人も増え、無理してお付き合いをすることも少なくなったようです。

それはそれで良いことですが、断るときには誘ってもらった感謝を添えるとプラスの印象が残ります。また無理をして、義務感から付き合う必要もないでしょう。

コロナの時期を経て、お付き合いの仕方も変わった側面もあります。

職場での食事会も減ってしまいました。

それでも、一緒に食事をともにすることで、コミュニケーションも深まり、職場では見られないその人の一面を見ることもできます。

そのときの状況や、自分の気持ちに応じて、誘いには応じれば良いと思います。

断るときも、相手は好意から誘ってくれたので、相手を尊重する気持ちを忘れないようにしましょう。

そして、次回にもつながるように、「また誘っていただけると嬉しいです」と、最後に前向きな言葉を伝えると、その後も良い関係を保てるでしょう。

また**断るときも、言葉だけでなく、言葉以外の表情や姿勢、声のトーンなどのノンバーバルな要素でも、印象が変わります。**

あくまで、言葉は気持ちを伝えるもの、どんな気持ちで相手に伝えるのかを大切にしましょう。

POINT

残念な気持ちとともに、
お誘いへの感謝の気持ちを伝えましょう

プラスαメモ

脳の特徴

ここまで私たちの脳と言葉のしくみについてお話ししてきました。
ここで、脳の特徴について整理しておきましょう。
これらの特徴を踏まえて、次章以降も読み進めてください。
そうすることで、理解度が加速度的にスピードアップすることでしょう。

1 脳は思考より、言葉、動作、表情を信じる

2 脳は否定形を理解しにくい（肯定形は理解しやすい）

3 脳は語尾が断定・言い切る言葉を理解しやすい

4 脳は感情を伴った出来事を記憶する
（特にマイナス感情の出来事を深く記憶する）

5 脳は問いかけの答えを探そうとする

6 脳は最後を記憶する

7 脳は最初に聞いた言葉をイメージする

8 脳はイメージと現実の区別がつかない

9 脳は数字を理解しやすい

10 脳は主語がわからない

11 脳はイメージしたことを実現しようとする

第6章

相手が納得して動いてくれる!

不愉快な状況でも穏やかに伝えられる言いかえ方

私たちの社会は、多様な一人ひとりで成り立っています。

皆、それぞれの考え方、価値観を持っています。

さまざまな価値観の人がいてこそ、世界が広がり新しいものが生まれます。

とはいえ、相手とのやりとりの中で、自分の価値観や考え方と違うと、理解することが難しく、嫌な気持ちになるときもあるでしょう。


相手に対して嫌な気持ちになったときに、どんなコミュニケーションをとれば良いでしょうか？

「嫌な気持ち」を伝えずに我慢していると、ずっとその気持ちを持ちつづけることになります。


これまでお伝えしてきたように、マイナスの感情になると、思考も体調もマイナスになってしまうので、結局は自分にとっても良いことになりません。

そして、相手との良い関係にもヒビが入ってしまう事態にもなりかねません。

やりとりを通して、相手に対してマイナスの感情が出てくることもあります。嫌な気持ちになったときは、それに気づいてまず冷静になりましょう。

目の前の出来事で、マイナスの感情に振り回されないことが肝心です。

落ち着いた状態で、相手と向き合いましょう。

特にマイナス感情のときは、無意識にノンバーバルで、マイナスのメッセージを発信している場合もあります。

誤解を与えないためにも、自分の気持ちや考えを言葉で伝えることがより大事になります。

そして、どんなときも、相手を一人の大切な存在としてリスペクトすることを忘れてはいけません。

相手とお互いの存在を認め合うことが、対等な関係の土台となります。

35
仕事やプライベートで行動を変えてほしいとき

○ ポジティブ・フレーズ

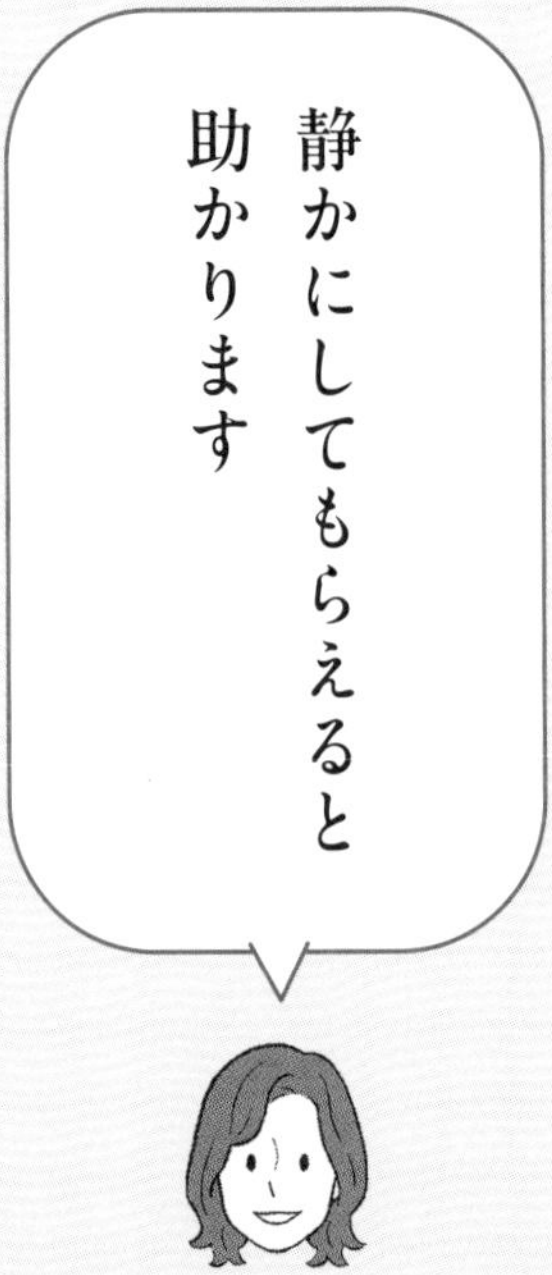
静かにしてもらえると助かります

× ネガティブ・フレーズ

うるさくしないでください

「○○しないで」ですと「しないで」の印象が強く残り、脳は否定された感じを受けます。否定形の言葉ではなく、どうしてほしいのかを肯定語で伝えます。そして、その後どうなるのかも具体的に言えると、相手は変化を起こしやすくなるでしょう。

「以心伝心」という言葉があります。

黙っていても、自分が考えていることが相手に伝わることは、まずありません。

それも正確に伝わるのはより難しいものです。

そして、相手に思いや情報を正確に伝えるために言葉があります。


相手に対して「以心伝心」を期待せず、要望は具体的に肯定語で伝えるようにしましょう。


また、嫌な気持ちになったときに、感情的にならずに相手に伝える方法があります。「私（I＝アイ）」を主語にして伝える、アイメッセージは聞いたことがあるかもしれません。

特に相手に行動を変えてほしいときは効果的ですが、これにはポイントがあります。

「私」を主語にして、相手の「行動」が、私にどんな「影響」があり、私はどんな気持ち「感情」なのかを入れて伝えます。

これはアメリカの心理学者トマス・ゴードン博士が提唱したコミュニケーションスキルの1つです。

たとえば、シェアスペースで仕事をしているときに隣の人が音楽を大きな音量で聴いていて困っている状況を考えてみましょう。

いわゆる、「あなた」を主語にした内容となる「ユーメッセージ」だと、

「（あなたの聴いている）音楽の音がうるさいんですけど。仕事の邪魔をしないでください」

となります。

これを「アイメッセージ」で、「行動」、「影響」、「感情」を入れると、次のようになります。

「私が仕事をしているときに、あなたが隣の席で私に聞こえる音量で音楽を聴いている（行動）と、私は仕事に集中できなくて（影響）とても困っています（感情）」

起きている状況に対して、つい反応しがちですが、「私」を主語にして相手の行動が、どのように私にとってマイナスの影響となっているかを冷静に伝えると、相手はスムーズに受け止めることができます。

説明がなく「あなた」の行動を変えるようにといきなり言われると、相手も責められたように感じてしまいます。

特に、「困っている」と言うような、「私の」マイナスの感情が入ると、相手はそのことに対して素直に改善するように協力しようと言う気持ちが湧いてきます。

その結果、相手がどのように行動を変えるのか、任せることもできます。

ボリュームを下げることもできるでしょうし、他の場所で聴くこともできます。また、音楽を聴くのを止めることもあるでしょう。

相手も主体的に行動するので、やらされた感がなく、後の人間関係にもしこりが残りません。

この伝え方は、相手の行動によって自分に影響があり問題となっている、さまざまな場面で、幅広く使えます。「行動」は客観的な事実を伝えます。

余計な形容詞をつけて、嫌味になるような言い方は要注意ですので、気をつけてください。

先程の例でいうと、「私に聞こえる音量で音楽を聴く」を、「馬鹿みたいに大きな音量で聴く」と言ってしまうと逆効果ですので、注意してください。

はじめのうちは、「行動」「影響」「感情」が入るように、あらかじめ文章をつくって練習してから伝えてみましょう。私もこれは何度も使っていますが、とても効果的です。

嫌な気持ちを相手に伝えるときに、ぜひ使ってみてください。

POINT

否定ではなく、どうしてもらいたいのか
肯定形で伝えましょう

36

依頼したことをやっていないと思われる人に対して①

○ ポジティブ・フレーズ

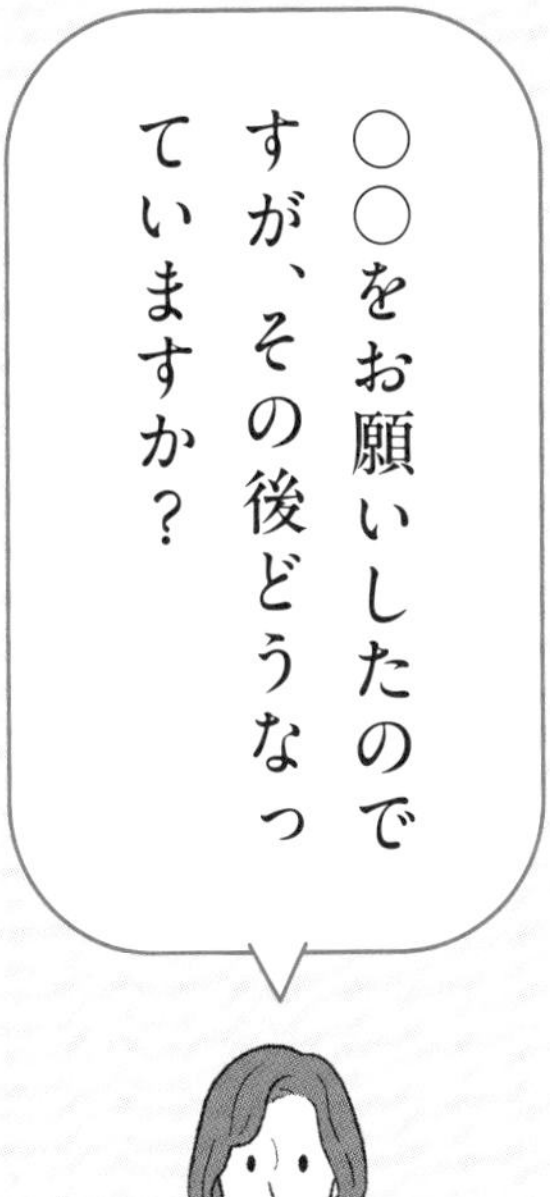
○○をお願いしたのですが、その後どうなっていますか？

× 心のままフレーズ

なんでしないのですか？

落ち着いたトーンで、進捗状況を尋ねましょう。「やっていないはず」と思い込んで感情的になると、状況の把握もできません。できていない場合も何か事情があるのかもしれません。責めるように聞くと、相手も心を閉ざして反抗的になることもあるので要注意です。

自分が頼んだことを、相手が思うようにやってくれないとき、どんな気持ちになるでしょう?

きっとイライラして、「どうしてやってないの」と腹が立って、怒りの気持ちも湧いてくるかもしれません。

このような状況で大切なのは、まず自分の感情をコントロールすることです。

自分が感情的になってしまうと、相手と冷静に会話することができません。マイナスの感情を伴った言葉は、その感情だけが相手に届いてしまいます。

まず、自分の感情をコントロールして、冷静に今の状況を確認することが大事です。

一方で、「あなたは前もできなかったよね」「手を抜いていたに違いない」とか、「こんなことは簡単にできるはず」、など思い込みで考えてしまい、感情的になる人も多いように思います。

相手に声をかける前に、今、自分がどんな感情なのか確認してみることが大切です。

不満や怒りなどのマイナスな感情のときに話をしても、何も良いことはありません。

そして、鏡を見て自分がどんな表情をしているか確認してみましょう。表情や声のトーンも大事です。相手が「まずい状況である」ことに気づいてほしいのが目的です。冷静になり、自分の感情を意識し慎重に話をしましょう。

また、「なんでできないの」はかなり強烈な否定の言葉です。言われたほうは萎縮して、自信を失くしてしまいます。

その場が気まずくなるだけでなく、信頼関係も壊れてしまうので注意が必要です。冷静にできているところに目を向けて話を進めましょう。

自分が感情的になっていると気がついたら、話をする前にしばらく時間をおいてください。気分転換をして、まず自分の感情を落ち着けるのが先です。

POINT

まず、尋ねてみないとわかりません。冷静に事実を確認しましょう

37

依頼したことをやっていないと思われる人に対して②

○

ポジティブ・フレーズ

この資料は次の会議で必要なのですが、どこまでできていますか？

×

心のままフレーズ

頼んだ仕事できてないのですか？

相手ができていないことを責めるのが目的ではありません。会議までに資料がないと困るので、それまでに仕上げてもらうことです。それが伝えられると、相手は責められている感じはせず、頼まれた仕事の目的を理解し、期限までに仕上げるようとするでしょう。

上司「今日午前中までにとお願いした仕事できていますか?」
部下「あ、すみません。今急いでやっているのですが、まだできていません(オドオド)……」
上司「(詰問調ではなく柔らかなゆとりのある表情で)明日の会議で使うので、今日午前中にもらえないと私の準備ができなくて困るんです(困った表情とともに)。今、どこまでできていますか?(冷静に)」
部下「まだ半分くらいまでです」
上司「では、できているところまででも先に提出してください(お願い口調で)。残りは何時までならできますか?」
部下「16時までに仕上げるように頑張ります。本当に申し訳ありません」

会話をする最終の目的は、何なのでしょうか。

自分の思うようにならない場面で、自分の感情に振り回されて、目的を見失ってしまうことがあります。

また、頼んだ仕事ができていないことにイライラしてしまい、作業の進捗状況を冷静に受け止められず、できていない相手を感情的に責め立てる人もいます。

気持ちはわかりますが、これでは責められた相手は萎縮し自信を失くして、モチベーションも下がり、さらに作業が遅れる可能性もあります。

これは仕事ができる人に起こりがちです。

自分だったらできるのに、なぜできないのと自分を基準に考えてしまうのです。

一人ひとりできることも違うし、能力も違います。

自分の感情をコントロールすることと同じように、相手をマイナス感情にしないことも大切です。

まずは依頼している仕事を、仕上げてもらうことが先決です。

モチベーションを下げると逆効果になります。

また、相手の人格を傷つけたりすることがないように注意してください。

このような場面では、何のためにこの会話を相手とするのか、整理してから落ち着いて話をすることです。

そして、仕事が終わった後に、今後は何を改善すれば良いのかという振り返りの機会を設けてください。

そもそもの依頼の仕方に曖昧な点がなかったか、能力に適した依頼だったか、そうでない場合はサポートが必要だったかなど、それも含めた全体の改善点を確認し次に活かしましょう。

POINT

私を主語にして、確認する理由を説明し、状況を確認しましょう

38

職場やプライベートでなんらかの失敗をした人に対して

○

ポジティブ・フレーズ

何を改善したらできますか？

×

心のままフレーズ

どうして失敗したのですか？

失敗することは誰にでもあり、すでに反省していることも多いでしょう。そのうえで失敗の理由を問いただしても、何もプラスになりません。どうしたら良かったのか、次にうまくいくための改善点を聞くのがポイントです。

これまでお話ししてきたように、私たちの脳は、問いかけに対して一生懸命その答えを出そうとしてくれます。

ですから、「どうして失敗したのか」と問いかけると、失敗した原因を探そうとします。

代わりに、「どうしたら改善できるのか」と問いかけると、改善して良くなる方法を探そうとしてくれるのです。

「日本人は反省が好きだ」と言われます。

何かやった後は、すぐに〝反省会〟をしますよね。

そして、できなかった反省点を話し合います。

反省することも大事ですが、それで終わるのではなくて、具体的に「どう改善したらいいのか」というところまで話し合うと、次へ向けての変化につながります。

これは、自分自身が何か失敗したときにも当てはまります。

何を改善したらできるようになるのか。それを考えるのが難しいときは、「もう一

度、やり直せるとしたらどうするか」と考えるとわかりやすいかもしれません。

反省だけして、気持ちが暗く沈んでしまうのではなくて、どう改善したら次はできるのかを前向きに考えましょう。

「どう転んだかが重要ではなく、どう立ち上がるかが重要だ」という言葉があります。

失敗を糧にして次に活かすと意味のある経験となります。

POINT

失敗した理由を聞くよりも、次への改善点を聞きましょう

第7章

何が起きても瞬時にポジティブになる!

いつでもストレスフリーでいられる言いかえ方

日々の生活の中では、いろいろな出来事があり悩みも生まれます。

ストレスがいっぱいで悩みに押しつぶされそうになるときもあるかもしれません。

そんなときも、少しでも心穏やかに、自分の気持ちを安定させる方法を知っていると、ストレスフルな状態から立ち直ることができるでしょう。


レジリエンスとも言われますが、私はどんなに心が折れそうになっても、竹のようにしなる「しなやか」な心で、立て直すことができれば良いと考えています。


誰だって苦しい時期はあるものです。

そんなとき、うまく気持ちを安定させポジティブになれる、自分なりの言葉を持っていると乗り越えられます。

好きな小説や映画で、心を支えるフレーズと出会うこともあるでしょう。

心折れそうになったときは、その言葉が糧となります。

日頃から心が動く言葉に出会ったら、書き留めておくと良いですね。

たとえ、トンネルの中でどちらに光があるのかもわからない状態でも、心の中に灯火を見つけることはできるのです。

自分の感情がコントロールでき、浮き沈みの少ない安定した感情を保つ。

いつでも自分の気持ちを安定させること。

その状態が保てると、いつも穏やかに相手と向き合えるようになります。

そして、どんなときも出会った人の気持ちを少しでも上げることができれば、相手との良い関係がスタートするでしょう。

会うと気持ちが軽くなる人、前向きになる人とは、また会いたくなりますよね。

最終章ではそういった心持ちになれるヒントをお伝えしていきます。

39

仕事やプライベートで相手への共感を伝えたい

○ ポジティブ・フレーズ

× 無難なフレーズ

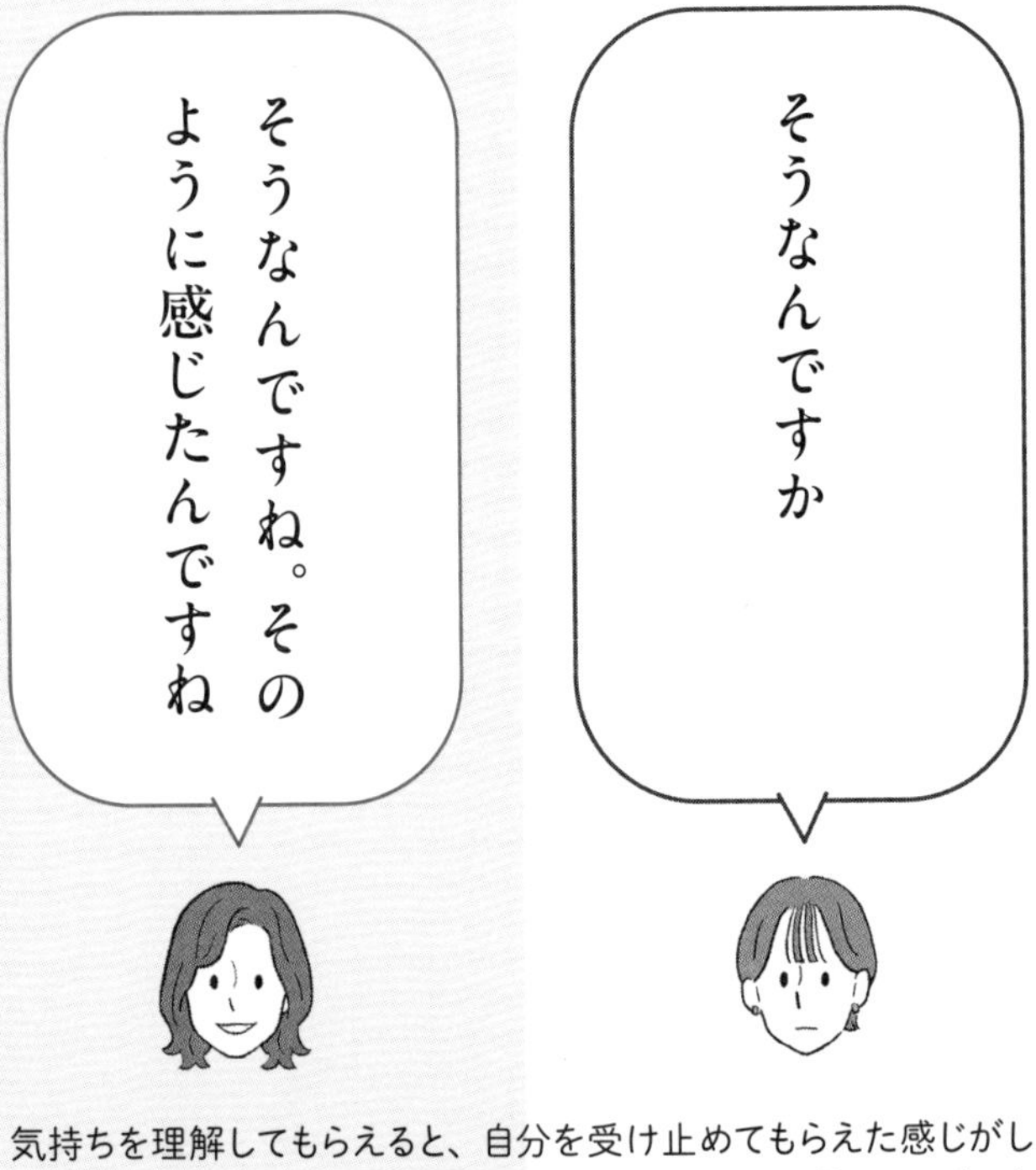

そうなんですね。そのように感じたんですね
そうなんですか

気持ちを理解してもらえると、自分を受け止めてもらえた感じがして嬉しいものです。そして信頼が生まれ良い関係を築くことができます。相手の気持ちを肯定的に受け止め、相手の言葉だけでなく、相手のノンバーバルのメッセージにも注意して気持ちを理解しましょう。

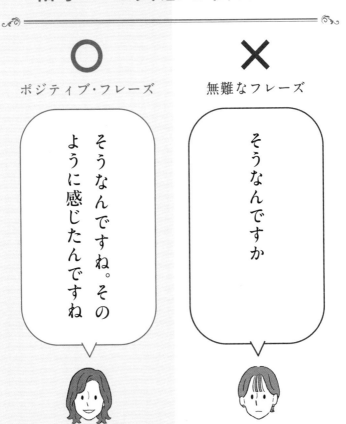

話を聞くときには、言葉だけでなく、相手の気持ちまで受け止めて聞くということが大切です。

それは、相手からのノンバーバルで発信するメッセージを、こちらも全身で受け止めるという感じです。

人は自分の感情を受け止めてもらえたとき、理解されたと感じて、とても嬉しいものです。

そしてその相手に好意を抱き、信頼感が生まれます。

「あなたがそう感じているのを理解していますよ」と、相手に伝えるときには、「○○な気持ちなんですね」と言葉にすることもできます。

しかし、**場合によっては、うなずくだけでも十分なこともあります。**

言葉のない沈黙の状態でも気持ちがつながって、感情を受け止めようとしていることが伝われば、それは言葉を超えての共感となるでしょう。

以前取材した、ニュース企画でのことです。

事件によって、夫を亡くしたばかりの女性へのインタビューをしたことがありました。

辛く、やりきれない辛い気持ちが痛いほど伝わってきます。

何か言おうと言葉を探しても見つからず、かえって言葉にするほうが浅くなるような気がして、女性の目を見て、深くうなずくことだけしかできませんでした。

お話を聞きながら涙を流す私を見て、彼女は目を閉じて泣きながら何度もうなずきました。

言葉を超えて、相手の感情を全身全霊で受け止め、心がつながった感じがしました。

また、嬉しい気持ち、喜びのときも同じです。

あまりに嬉しいときも言葉が出ないものです。

相手を祝福する場合も、大きな笑顔でうなずくことしかできないこともあるでしょう。

心理カウンセリングでもそうですが、相手を丸ごと受け止めて、理解し共感することで、信頼関係を築くことにつながります、**「わかってもらえた」と感じたときに、相手へ心が開いていくのです。**

相手の話を聴く、そしてその言葉に込められた気持ちも一緒に受け止めて聴くことが、相手の心の扉を開き親しくなれる鍵となります。

POINT

相手の気持ちを全身で受け止めて
相手に共感していることを伝えましょう

40

別れ際に

○ ポジティブ・フレーズ

お会いできて嬉しかったです。またお目にかかれることを楽しみにしています

× 無難なフレーズ

さようなら

一生で出会えるのは何人でしょうか？　世界でたった一人の、大切な人との出会いに感謝し、出会いの喜びを素直に伝えましょう。また会いたいと言われると相手も嬉しい気持ちになります。仕事の場合は具体的に次の約束を決めると良いですね。

生きていく中で、人との出会いは何よりも宝物になるのではないでしょうか。

子どもの頃や学生時代に出会った友人はもちろんですが、大人になって仕事を通しての出会いからも、いつの間にか大切な友人になった人が何人もいます。

今では、最初の出会いが何だったのか忘れてしまうくらいです。

一人ひとりとの出会いは、世界でたった一人との、大切な出会いなのです。

そんな気持ちで、人と出会うと、お付き合いも変わるかもしれません。

一度会っただけで終わってしまうことも多いですが、「素敵な人だな」「波長が合いそう」「もっと話をしてみたいな」と感じたときには、ぜひまた会いたいという気持ちを思い切って素直に伝えてみましょう。

基本的には、人は自分に好意を抱いてくれる人に対しては、同じように好意を持つものです。

これは言葉以上に表情や声のトーンなどのノンバーバルで伝わります。「目は口ほどにものを言う」という諺があるように、その人の雰囲気からも気持ちは伝わります。

それだけではなく、さらにひと言、言葉でもその気持ちを伝えることによって、相手に「またお会いしたい」という思いが伝わり、つながりが続きます。

ビジネスの場面では、次のアポイントをとって商談を終わることが大事と言われますが、付き合いも同じです。

しかし、挨拶がわりに「またご飯行きましょうね」と言って別れ際に、口約束だけの〝約束美人〟になってしまうこともあります。

これは自戒も含めてですが注意したいものです。

この人とはもっと深くお付き合いをしたいと思ったら、行動を伴う約束をしましょう。そして、約束したら行動しましょう。

もちろん相手があってのことですので、相手から断られることもあるかもしれません。

それでも、まずこちらから発信することが大事です。

ドアはノックしないと扉は開けてもらえません。

人生は自動ドアばかりではないのです。

ちょっと勇気を出して、相手のドアをノックしてみましょう。

POINT

会えたことへの喜びと感謝を伝え、また会いたい気持ちも添えます。

41

相手の行ったことに対して感動したとき

○ ポジティブ・フレーズ

とても感動しました。心が震えました。素晴らしかったです

× 無難なフレーズ

良かったです

自己肯定感が低い場合、感動する力が乏しいと言われています。何かに心を動かされたら、素直に言葉で表現しましょう。相手に感動することは、自己肯定感を高めることにもつながります。言われた相手のセルフイメージも高まります。

最近何か感動したことはありますか？

感動する力は自己肯定感とも関係があります。

そして何に感動したかをアウトプットすることにも、とても意味があるのです。


もし相手に対して、何か感動したならば、その感動のポイントを具体的に言葉にして伝えましょう。

感動した内容を伝えているとき、その言葉を自分の脳も聞いています。


脳は主語がわからないので、その肯定的なプラスの感動の言葉を丸ごと受け止めるのです。

そして、感動したことを伝えられた相手も、もちろん嬉しい気持ちになり、プラスの感情になります。

それは、相手の自信を高めることにもつながることでしょう。

感動を伝えるほうも、伝えられるほうも、両方にメリットがあります。

最近感動することがあまりないという方は、感動力を高めるトレーニングをしてみましょう。

どんな小さなことでも良いので、自分から相手を喜ばせる（感動させる）ことをやってみるのです。

これで、徐々に感動力を高めることができます。

「ありがとう」「嬉しい」と、相手が少しでも感じることをやってみましょう。

ちょっと照れくさいと思ったり、少し勇気が必要だったりすることにチャレンジしてみます。

たとえば、電車で席を譲るとか、荷物を代わりに持ってあげるとか、お世話になった方にお礼状を出してみるとか、お誕生日をサプライズでお祝いするとか、なんでも構いません。

自分の行動で相手の気持ちをちょっとプラスにすることをやってみましょう。

相手から「ありがとう」と言われる経験を増やすと、徐々に心が動くようになります。

また、感動の涙はストレスの発散にもつながります。

小説や映画など、自分が感動して涙が出る作品があれば、ストレスの解消に感動の涙を流すと良いでしょう。

スポーツ観戦や、ドラマ、映画、小説、ドキュメンタリー、なんでも構いません。自分が感動したことを言葉にして、アウトプットしてください。

それが、日常生活の中での感動力を高め、言葉にすることにもつながり、日常の些細なことにも感動して涙が出るようになっていきます。

POINT

何に心を動かされたか具体的なひと言を入れて、感動を伝えましょう

42

最悪な状況の場面で

✕ 心のままフレーズ

最悪！　失敗した！死にたいほど恥ずかしい

中間言葉

1週間後は誰も覚えていない。100年後は誰も生きていない

○ ポジティブ・フレーズ

たいしたことではない

自分では最悪の出来事であっても、他人はすぐに忘れてしまうものです。「人の噂も七十五日」。現代の情報量を考えると、もう1週間後には覚えている人もいないのでは。視点を変えると、ちっぽけなことに思えてきます。気持ちを切り替えて、忘れることも大切です。

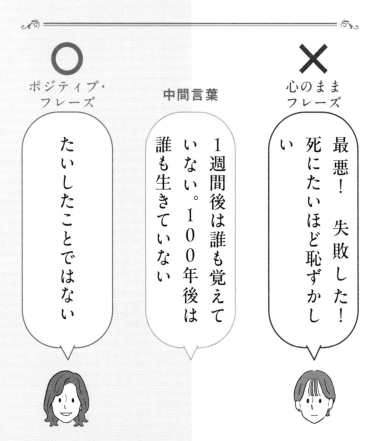

これまでを振り返って、忘れられない苦い経験や失敗をしたことがありますか？

生きていると、失敗やうまくいかない経験は誰しもあるものです。

以前も触れたように、私たちの脳にはマイナス感情を伴う出来事ほど、深く記憶に刻まれます。

ですから、**長く生きているとそれだけマイナスの記憶が増えるのは当然なのです。**

年を重ねて臆病になったという人もいるのではないでしょうか？

まさに私もその一人です。学生時代は好奇心いっぱいで、行動力もあったはずなのです。

しかし、社会人になって、いつの間にか以前のようにワクワクすることが減ってきた気がします。

「失敗したらどうしよう」「大丈夫かな？」

そんな気持ちが浮かんできて、臆病になってしまいます。

これは、私たちの脳の仕組みからの影響だったのです。

私もこれまでたくさんの失敗や苦い経験をしてきました。
仕事でもプライベートでも。「あー、もう一度やり直したいなぁ」と思うこともたくさんあります。以前の私は、そのことをクヨクヨ悩んだり、悔やんだりして、気持ちを引きずるようなタイプでした。

しかし、このマイナスの感情に引きずられてばかりでは良くありません。もちろん失敗から、次はどう改善したらいいのか学ぶことは必要です。

第2章の「プラス言葉3段活用」でお伝えしたように、マイナスの感情に引っ張られないように、フラットな言葉で気持ちを立て直すことが大切です。

それも難しい場合は、受け止め方を変えてみましょう。

その失敗について、何が気になるのでしょうか。
人の評価や周囲からの見られ方も大きい要素かもしれません。
その場合、そのことを自分以外の人はどれぐらい覚えているでしょうか？

「人の噂も七十五日」という諺があります。

今の情報過多の時代では、1週間後もずっと覚えている人もいないのではないでしょうか。

さらに、こう考えてみるとどうでしょう。100年後、どれぐらいの人が生きているのか。そう考えると、ハッとします。今思い悩むことがとてもちっぽけで、もったいない時間のように思えてきます。

プロゴルファーのタイガー・ウッズは、「嫌なことは10歩歩けば忘れる」と言っています。トップアスリートにとっても、切り替える力は重要です。

失敗からは、学ぶべきエッセンスだけを覚えておき、マイナス感情はすぐに忘れてしまいましょう。

そのときに、たとえば車のワイパーのように、シュッシュッと音と動作をつけて嫌な気持ちを消すイメージをします。自分のマイナス感情を消す、オリジナルの〝心の消しゴム〟を持ちましょう。

それを繰り返し、そのジェスチャーと嫌な気持ちを消すことを結びつけて記憶させます。すると、嫌な感情をかんたんに消すことができるようになります。

また、マイナスの出来事を、時間軸や場所など、視点や視座を変えてみると、出てくる感情も違ってきます。

この出来事が300年前の江戸時代だったらどうだろう。100年後の世界だったらどう受け止められるだろう。アフリカの国だったら、北極だったら。

場所や時間を変えることで、状況や価値観も異なるからです。

視野を広げ、時間軸や視点を動かす言葉を持っていると、俯瞰で物事を見ることができます。

自分の感情を安定させるためにも、自分のマイナス感情を瞬時に切り替える方法をつくっておきましょう。

POINT

自分の嫌な気持ちをすぐに変える言葉やジェスチャーを持ちましょう

コラム

何があっても笑いに変える関西人

関西出身の芸人さんたちの活躍で、関西のお笑い文化は日本中に浸透していることでしょう。

私も“お笑い”は大好きです。しかし宮崎出身の私は、笑うことはできても、未だに笑わせることはハードルが高いです。特に大阪では普段の会話でも、話にオチがないと、「おもろない」「オチは？」と言われます。

確かに電車に乗っていて、子ども同士の会話を聞いていても、思わず吹き出してしまうくらい面白い。

子どもの頃から、お笑いのセンスが磨かれ、レベルが高いのです。

関西人は、自分の失敗や、自分に降りかかってきた大変な状況でさえ、笑いに変えてしまいます。

何か失敗したときや、大変な状況でも、「ネタが来た！」「オイシイ」と、笑いになることを喜びさえします。このポジティブ変換は、本当に素晴らしいです。

これは、芸人さんのトークを通して、皆さんご存知でしょう。

ネガティブなことも笑いに変える力はさすがプロです。

親しくさせていただいている、ハイヒール・モモコさんも、このポジティブ変換がとても素晴らしい方です。以前、交通事故で足を骨折されたことがありました。

そのときでさえ、仕事を休むことなく、松葉杖さえ笑いの小道具のようにしておられました。

そして、丸椅子を低くしたものに滑車をつけて、痛めた足を乗せて、舞台に登場し笑いをとっていました。

本当はとっても痛く、辛かったことと思います。

マイナスの状況さえ、逆手にとって笑い飛ばしてしまう。これは本当に見習いたいです。

43

うまくいかないことがあったときに

○

ポジティブ・フレーズ

今日も生きていることに感謝

中間言葉

それって真実？　今感謝できることは何？

×

心のままフレーズ

なんで私だけ不幸なんだろう

「なんで私だけ」と自分を責めるとマイナスの悪循環に入ります。また被害者意識も出てくる言葉です。それよりも、今ある良い面に目を向ける工夫をして、どうしたら良くなるか前向きなループをつくりましょう。

「なんで私だけ〜〜」「私なんか〜〜」と自分を蔑ろにする言葉は、強烈なマイナス言葉です。

現在の環境のネガティブな面に気持ちがとらわれてしまい、マイナスの悪循環に入っていってしまいます。

どんな状況の中にも、些細なことでも良い面はあるものです。

もしくは、プラスの種は宿っています。

「なんで私だけ」と思う環境だからこそ、その中のプラスの面に目を向けることが重要なのです。

そして、前向きな感情を出していきましょう。

それでも**プラスの感情が出ないと思う場合は、感謝の気持ちを持ってください。**

感謝することは必ずあります。

「今、生きていること」「食べるものがあること」「空気があること」

「雨風を凌げるところで寝ることができる」
なんでも良いです。
感謝をすると幸せホルモンが出ることがわかっています。
特徴的なのは、脳内麻薬とも言われるエンドルフィンです。
エンドルフィンは鎮痛作用もあり、苦しみや痛みを和らげてくれる効果がありま
す。

辛いことがあったときこそ、何かを感謝することで出る、脳内ホルモンのエンドルフィンの効果を活用してください。

まず、「ありがとう」「感謝します」と声に出して言ってみましょう。
できれば口角を上げて！

POINT

「なんで私だけ」から
「感謝を見つけられる私」を目指しましょう

44

漠然とした大きな不安で決断できないとき

×

心のままフレーズ

お金がない
才能がない

中間言葉

具体的にいくら必要？
どんな能力が必要？

○

ポジティブ・フレーズ

できることをやってみよう。何の勉強をしたら良い？

漠然とした不安であきらめていませんか？　たとえばお金や才能がないなどの理由で……。実際にはいくら足りないのでしょうか？どんな能力が必要で、具体的にはどんな勉強が必要ですか？　大きな不安はより具体的に細かくして解決方法を探してください。

漠然とした悩みは、より不安を大きくします。そうした不安でいろいろなことをあきらめているのはもったいないことです。

「お金がない」「才能がない」というような、漠然とした大きな不安が生まれたときはそれらを具体的に書き出してみるのをおすすめします。

具体的に細かく分けていくことで、形が見えてくると、その対策も立てやすくなります。

たとえば、「お金がない」のを理由に何かすることをあきらめるなら、いくらあればできるのか現実的に考えてみましょう。

いくら足りないのでしょうか？

足りないお金を工面する方法はないかも考えましょう。

また、お金をかけずに何かできることはないでしょうか？

そして、最悪を想定することも危機管理として大事です。

もし最悪と思う状態になったらどうなるのか、それを想定したうえで、あらゆる可能性を考えるのです。


あらかじめ最悪を想定しておくと、気持ちを強く持つことができます。

最悪を想定して、最善を尽くすのです。

そう考えておくと、乗り越えられるアイデアも出てきます。


ここで自分の思い込みや常識の枠にとらわれずに、アイデアを出す方法をご紹介しましょう。


何かを実現させようとするとき、「方法は100万通りある」と言われます。

100万通りは無理でも1000通り書き出してみましょう。

100くらいはすぐに思いつきますが、その後に頭をひねって出てくるアイデアの中に案外良いものがあります。

そして、1000通り考えるうちに、最初の100通りが簡単に思えてきます。

お天気や、時間など、人間の力が及ばないことに関しては、いくら悩んでも仕方がありません。

それ以外は、常識にとらわれず自由な発想で、方法を出してみましょう。

何か対策が考えられるかどうかを見極めることで、気持ちが整理されます。

POINT

具体的に書き出すことで
進むべき道が見つかりやすくなります

45

自分の年齢を理由にあきらめようとしたとき

○ ポジティブ・フレーズ

確認してみよう。今日が人生で一番若い

中間言葉

誰が決めたの？

× 心のままフレーズ

もう若くないのでムリです

年齢を理由にやりたいことをあきらめる人がいます。無意識に年齢を言い訳にしていることもあるでしょう。本当に年齢が理由でできないのでしょうか？　まず確認してみましょう。そうすることで、できることがはっきりし、対策も考えられます。

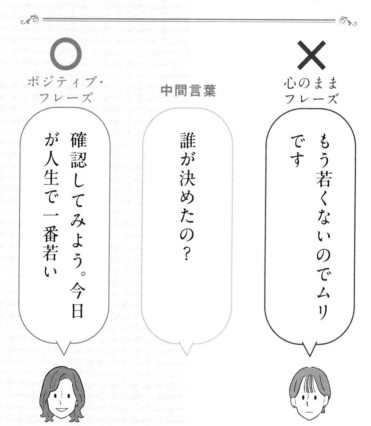

年齢を理由に、何かあきらめたり止めたりしたことはありますか？

30代で会社を退職して起業していた友人が、40歳を過ぎてから医師を目指しました。

いろいろと調べて学士編入試験で受験することにしました。

その分野に強い予備校を調べ、若者に混じって予備校に通います。苦手な科目は特別に対策を立てて取り組みました。

当初は仕事と両立しながら受験勉強をしていましたが、残念ながら最初の試験では良い結果は出ませんでした。

そこでどの大学であれば、年齢や女性であることがハンディにならずに合格しやすいか、あらゆる分析をして、受験校を決めて臨みました。勉強の計画を立て、少しの時間も惜しむように受験勉強をしていました。

しかし、2年目も望む結果とはなりませんでした。

そこで、彼女は軌道に乗っていた事業を畳んで受験に専念したのです。

相当な覚悟でした。あきらめずに、受験勉強のより緻密な計画と受験の対策を立てて、次の年もチャレンジしました。そして3年目に見事合格通知を手にすることができたのです。

彼女に年齢を言い訳にできないことを学ばせてもらいました。

今は、国立大学の医学部の学生として国家試験に向けて、頑張っています。

大学では「先生に間違えられるんですよ」と笑っていました。

彼女の実行力には感服します。

これまでの社会人としての経験が、きっと医師としての人間力を豊かにしてくれることでしょう。信頼される医師になる日が楽しみです。

彼女に会うと、いつも勇気づけられます。そして、年齢を言い訳にしそうになる私に喝を入れてもらえます。

60歳を過ぎて仕事を辞めてから、役者となり頑張っている友人もいます。若い頃に経験をしていたわけではなく、まったくゼロからのスタートです。

いろいろなオーディションを受け、エキストラの仕事も積極的にやっています。そして、自分で舞台をプロデュースして、やりたかった作品を上演しました。

自分のやりたいことを実現するために大切なのは、まず、言葉にすることです。**書くことも大事ですが、声に出して言葉にすると、脳のスイッチが入ります。そして、それが実現したときのワクワクした感情をイメージします。**するると、脳は現実に起きていることと錯覚します。アンテナを立てて必要な情報をキャッチし、イメージを実現しようとしてくれるのです。私たちの脳は、すごいですよね。

自分だけでなく、周りにも言葉にして発信すると、応援してくれる人も自然に集まってくれるのではないでしょうか?

役者になった友人も、自分のやりたい舞台の話を周りにも伝え、経験豊富な演出家や役者たちの賛同を得て、友人が主演の舞台をやり遂げました。もちろん、プロとして舞台に立つための、彼女の並々ならぬ努力があってのことです。

何も大きなことを実現する必要はありません。自分がプラス感情になれることを、年齢も含め何の制限もなく思い浮かべてみましょう。

ワクワクする感情で、自分をご機嫌にできるのはどんなことでしょうか？

自分にとっては、今日が人生で1番若い日。さぁ、あなたはこれから何をしますか？

POINT

プラス感情で、「できない」という限界を超えましょう！

プラスαメモ　イメージトレーニング

簡単にできるイメージトレーニングの方法を紹介します。

リラックスできる場所で行いましょう。

電気を消して、ゆったりと椅子にかけ、両足をしっかり床につけます（横になっても良いです）。

全身に力を入れて、フッと全身の力を一気に抜きします（3回から5回）。

ゆっくりと腹式呼吸をして、気持ちを落ち着かせます（3回から5回）。

そして、こうなったら良いなあとワクワクするシーンを五感とプラス感情を入れてイメージします。

何が見えますか？　何か聞こえますか？

体の感覚はどうですか？　何か体に触れるものはありますか？　匂いは？　何か味のするものはありますか？　どんな気持ちですか？

練習として、海のシーンを思い浮かべてみましょう。

たとえば、こんなふうに。

今、私は、大好きな海に来ています。
目の前には青い海が広がっています。
ザブンザブンと波の音が聴こえます。
風が吹いてとても気持ち良いです。
潮の香りもします。
海辺を歩くと、砂の感触が心地良いです。海水は少し冷たく感じます。
両手で海水をすくって口にすると、しょっぱくて、磯の香りが広がります。
波の音を聴きながら、広い海を眺めていると、
心が洗われリフレッシュします。
深呼吸をするとさらに気持ちが落ち着きます。

いかがでしょう。ぜひご自身でもお試しください。

46

人生で大きな問題が降りかかったとき

○ ポジティブ・フレーズ

なんとかなる。
ま、いっか

× 心のままフレーズ

困ったな

生きていると、いろいろな問題が降りかかってきます。自分のこと周りのこと、さまざまなことでマイナス感情になります。自分ができることを見極め、一人抱え込んで悩まないようにしましょう。少しでも明るい気持ちを持つことを心がけましょう。

悩みの9割は人間関係だと言われています。

その内容は、さまざまでしょう。

自分のことなら、自分の意思で変えられますが、家族や親しい友人であっても、人を変えることはできません。


「馬を水辺まで連れていくことはできても、水を飲ませることはできない」

という言葉があります。

特に、自分以外の問題は、どうしようもないことがあるでしょう。

相手の感情は相手のもの。コントロールできません。

そして、問題を抱えている場合も、誰の課題なのかを見極める必要があります。

特に親しい関係だと、相手の課題を自分がなんとかしなくてはと思って、関係が悪化する場合があります。


「ニーバーの祈り」をご存知でしょうか？

アメリカの神学者、ラインホルド・ニーバーの〝平安の祈り〟（The Serenity

Player）と呼ばれる言葉です。

「ニーバーの祈り」

神よ
変えることのできるものについて、
それを変えるだけの勇気をわれらに与えたまえ。
変えることのできないものについては、
それを受けいれるだけの冷静さを与えたまえ。
そして、
変えることのできるものと、変えることのできないものとを
識別する知恵を与えたまえ。

ラインホルド・ニーバー（大木英夫　訳）

深い内容です。「それを変えることができないものについては、それを受けいれるだけの冷静さを与えたまえ」とあるように、自分が変えられるものかどうかを判断

し、変えられないものであれば、悩みすぎない。
そして、自分ができることに集中しましょう。
「今、ここ」の私に集中するのです。
過去も未来も、他人も変えられない。変えられるのは、自分の今だけです。

何か問題が起こったときに自分で悩み過ぎず、「なんとかなる」「まいっか」と、一旦横に置くような気持ちになることも覚えておきましょう。

こんなときは、フラットな感情で、一休みすることも大事です。
ストレスを感じるような苦しい場面でも、「なんとかなる」と深呼吸をして、気持ちを落ち着かせましょう。

POINT

ときには一休みも大切。ゆっくり休みましょう

47
自分自身を振り返ったとき、自分にかける言葉

○ ポジティブ・フレーズ

× 心のままフレーズ

誰にも承認欲求はあります。しかし人に認められることに重きを置くと、人の評価ばかりを気にするようになってしまいます。人の評価は思い通りにはなりません。自分を一番知っているのは自分です。人の評価に気を揉むのではなく、自分で自分を認めてあげましょう。

自分自身を振り返ってみて、「他者評価」を気にして生きてきたと思うことがあります。そのこと自体は悪いことではないのでしょうが、他者評価を気にしすぎるのはよくありませんね。

最近よく「自分軸で生きる」という言葉を聞くようになりました。

自分は何に価値を感じ、何を大切にして生きるのか。はっきりと意識できると、その価値観に合っているかどうかで、自分に納得のいく生き方ができるようになります。

自分の評価を人にばかりに委ねるのではなく、自分で自分を認めて褒めてみましょう。

「ここまでよくやってきたよね」「よく頑張ったね〜」

自分自身にあたたかい言葉をかけましょう。そして、イメージの中で自分を優しくハグしてみましょう。

案外自分に厳しい人が多いように感じます。

自分にも、あたたかい気持ちでポジティブな言葉をかけましょう。

自分で自分を心地良い状態にすることも大切です。

脳は最後を記憶することを覚えていますよね？

1日の終わり、夜寝る前の時間はとても大事です。

特に、寝る前10分は脳にとってのゴールデンタイムともいわれます。

嫌なことがあった日も、うまくいかなかった日も、気持ちを切り替えて、よいことを考えて眠りにつきましょう。

何も大きなことでなくても良いのです。

「今日1日、よくやったよね！　私。素晴らしい」

そっと声に出して自分に優しい言葉をかけてみましょう。

POINT

他者評価でなく、自分を認める言葉をかけましょう

おわりに　小さな変化がのちに大きな変化となる

最後までお読みいただきありがとうございます。

この本は、私が『もっと早く知りたかった』という内容をまとめたものです。

いつも何気なく使っている言葉に意識を向け、言葉を変えることで、感情にも変化があることをお伝えしました。

ご存知のこともあったと思いますが、なぜそうなのかというエッセンスを、他の場面でも応用していただけると嬉しいです。例としてあげた、ポジティブ・フレーズそのままではなく、自分らしく、しっくりくるフレーズを見つけてみてください。

本文では、まず自分にかける言葉が重要とお伝えしてきました。

まさにこの本の出版に関しても、私自身が言葉の力をあらためて実感することができたのです。

これまで、『いつか本を出版したい』という漠然とした夢をずっと抱いていました。しかし、そのことを人に話したことはありませんでした。

なんだか恥ずかしいし、「そんな大それたこと考えてるの？」と周りにも思われるのではないかと躊躇していたからです。

しかし、数年前のこと、コーチ仲間のワークで、将来の夢・目標を話すときに、思い切って本のことも話すようにしたのです。

といっても、出版については、まったく何の知識もなく具体的なことはわからない状態でした。

そして、そのことがきっかけとなり、自分の中でも不思議と変化が出てきました。

きっと、私の脳に〝本の出版に関するアンテナ〟が立ったのだと思います。

それから、出版オーディションのことを知り、新たな扉が開き、出版に関するご縁がどんどんつながり広がっていきました。

その後、勇気を出して出版オーディションに応募したことを、友人たちに恐る恐る話しました。

「今さら何やっている？」「いくつだと思ってるの？」と厳しい反応もあるかと心配していたのですが、話を聞いた友人たちは誠心誠意、真剣に応援してくれたのです。

嬉しかったです。

優勝こそできませんでしたが、予選を3位で通過し決勝のファイナリストに残ったことは私にとって大きな出来事でした。応援から力をもらうことを、身をもって感じました。同時にいただいた応援に応えたいと、私の本気にも火がつきました。


またご縁がつながって、この度、大和出版様から出版の機会をいただくことができたのです。

さらに、会社のチャレンジワーク（副業）の許可が出て、これから本格的に執筆というとき、不覚にも利き腕の右肘を粉砕骨折し、手術、入院する事態に。原稿もいつ書けるようになるかもわからず、出版も流れるのを覚悟しました。


しかし、大和出版の皆様のあたたかいご配慮で、回復まで待っていただけることになったのです。本当にありがたく涙が出ました。

じつは今もまだリハビリ中です。使える指を使ってキーボードを打ち、原稿を書いています。入院中に音声入力で書いた項目もあります。

執筆中、どんなことがあってもマイナス感情に引きずられず、フラットな感情からプラス感情へ、という内容に自分自身が助けられました。

とりわけ第7章の、「たとえ心が折れそうになっても、立ち直るレジリエンス（回復力）」についても、自然と思いを込めました。

骨折の経験のおかげで、言葉の力を改めて感じながら本を書くことができました。

今、仕事やプライベートで思うようにいかないと悩んでいる方、これから変わりたいと思っている方、必要としている方にこの本が届き、小さな変化のきっかけになれば、これほど嬉しいことはありません。

最後に、人生を変えた学びの恩師　小野澤みさを先生、尾崎里美先生、福島正伸先生、アティーシャ・メイ・ラー先生、山本秀樹先生、ＳＢＴ（スーパブレイントレーニング）の株式会社サンリ西田文郎会長、西田一見社長、臼井博文取締役　他恩師の皆様、出版オーディション主催者で作家の　岡崎かつひろさん、企画書作りからご指導いただいた出版ゼミ主催のＫＫロングセラーズ　真船壮介副社長、富田志乃編集長、そして、今回、出版の機会をいただいた大和出版　塚田太郎社長、初めての出版に向け、根気強く丁寧に導いてくださった編集の岡田祐季さん、応援してくださった皆様、親身になって励ましてくれた友人たち、これまで出会ったすべての皆様のお陰でこの本を出版することができました。心から感謝申し上げます。

そして、この本を手に取っていただいた、あなたに心から感謝いたします。本当にありがとうございます。

穏やかで安定した心の状態で、あなたらしくいきいきと毎日を過ごされることを心から願っています。

片山三喜子

ストレスフリーの人がやっている
ポジティブ・フレーズ言《い》いかえ事典《じてん》

2024年 2月29日　　初版発行

著　者……片山三喜子《かたやまさきこ》
発行者……塚田太郎
発行所……株式会社大和出版
東京都文京区音羽1-26-11　〒112-0013
電話　営業部03-5978-8121／編集部03-5978-8131
http://www.daiwashuppan.com
印刷所……信毎書籍印刷株式会社
製本所……株式会社積信堂
装幀者……菊池祐
イラスト……山崎真理子

本書の無断転載、複製（コピー、スキャン、デジタル化等）、翻訳を禁じます
乱丁・落丁のものはお取替えいたします
定価はカバーに表示してあります
©Sakiko Katayama　2024　　Printed in Japan
ISBN978-4-8047-1909-2